来自德国的问候
预祝您拥有一个美好假期!

亲爱的读者:

或许您会问自己,为何您买了一本德国而非本国制作的旅行指南?但请放心,您已经为此做出了一个正确而又明智的选择。

在2012年中国取得全球旅行冠军之前,该头衔一直被德国保持。对于德国这样一个"小国家"来说,这是令人惊叹的!原因可能是,自1950年开始,旅行的梦想对于广大的德国人来说开始变得更为现实。因此,梅尔杜蒙在与北京出版集团的合作中茁壮成长。

"梅尔杜蒙"的故事是冒险的旅程到成为家族的旅三代,现由创始人的孙女继今的"梅尔杜蒙"已是欧洲品牌。

一个了不起的故事,从充满行事业,直至今天已传承续领航这一成功之旅。如旅游产品领域遥遥领先的

手握这样一本旅行指南,您可以高枕无忧。请您相信,无论您要去的是世界的哪个地方,梅尔杜蒙近百年的专业经验以及适合中国旅行者的本十化信息,都可以帮您更精确地了解旅行目的地。

请您开始一段全新的奇遇之旅吧!

这本书会是一个随时陪伴您的伙伴,预祝您有一段充满新的发现和希望的完美旅程!

中国作者
大狗

德国作者
马克·马卡德
（Mark Markand）

《扬子晚报》记者，自媒体作者，一个爱飙摩托车旅行、爱摄影、擅长6种乐器的"98后"设计师。大学期间走过7个国家、60多个城市，干过许多有意思又疯狂的事儿：开飞机拍长城，在火星基地体验宇航员生活，去东南亚支教，在异国街头演出，骑摩托车环岛旅行，出海过程中突然跳海……

生命不息，冒险不止，茫茫人海，很高兴认识你。

每当马克·马卡德纵穿或横跨东南亚，回到他的第二故乡——泰国南部时，总是心心念念着普吉岛。他细数喜爱这座美丽岛屿的理由：美味十足的汤面，温暖舒适的酒店，以及众多的幽秘胜景。

梅尔杜蒙的故事

希尔德（Hilde）和库尔特·梅尔（Kurt Mair）是为旅行而生的。早在20世纪20年代第一次世界大战刚刚结束时，他们就驾驶着汽车或者摩托车穿梭在欧洲大陆上。漏气的轮胎、过热的冷却液、失灵的刹车，这些都无法阻挡他们前进的步伐。那时有很多我们今日无法想象的场景，甚至没有一张地图！即使是这样，连撒哈拉大沙漠也无法阻挡梅尔夫妇的冒险之旅。同样他们也会做测绘之旅，这些被探测的路况信息会被精确地整理和保存。第二次世界大战结束后，1948年，库尔特·梅尔成立了公司，路书和地图册是他们的主营产品。库尔特·梅尔离世后，他时年26岁的儿子福尔克马尔（Volkmar）继承并领导这个企业，为今天的梅尔杜蒙集团打下了基石，使集团成为一个全球性的媒体集团，其在全球拥有多家办事处，员工380名，年销售额1亿欧元。

今日的梅尔杜蒙集团不仅仅提供地图，旅行指南、旅行画册、旅行冒险和电子产品构成了集团丰富的产品组合。在中国，梅尔杜蒙与北京出版集团于2014年成立了合资公司，开始服务于中国旅行者日益增长的需求。

普吉岛

8 欢迎来到普吉岛

14 当地锦囊

16 体验普吉岛
  16 免费畅游
  17 本色普吉岛
  18 雨天游玩
  19 休闲之所

20 潮流之选

22 普吉岛面孔

28 美食

32 购物

34 西海岸
  34 班涛海滩

  40 卡马拉海滩
  41 卡伦海滩
  43 小卡塔海滩
  44 大卡塔海滩
  46 拉扬海滩
  46 迈考海滩
  48 奈通海滩
  49 奈扬海滩
  50 潘西海滩
  51 芭东海滩
  58 苏林海滩

60 南海岸和东海岸
  60 查龙湾
  62 奥森海滩
  63 攀瓦岬
  64 奈涵海滩
  66 拉威海滩
  67 雅努伊海滩

图标		酒店价格	餐厅价格
当地锦囊	当地锦囊	￥￥￥ 人民币550元以上	￥￥￥ 人民币75元以上
★	必游景点	￥￥ 人民币300~550元	￥￥ 人民币40~75元
●●●	体验普吉岛	￥ 人民币300元以下	￥ 人民币40元以下
↯	远眺点	此为双人房间或者沙滩别墅（不含早餐）	此价格为不含酒水的正餐
🌱	适合环保、生态旅游		
(*)	拨打需付费的电话号码		

目录

68 普吉镇

76 普吉岛周边小岛
- 76 攀牙湾
- 77 龙岛
- 78 皮皮岛
- 81 皇帝岛
- 81 斯米兰岛
- 82 小长岛
- 84 大长岛

86 独特体验之旅
- 86 普吉岛最美之旅
- 90 漫步赏景之旅
- 93 泰国南部之旅
- 96 骑车环岛游

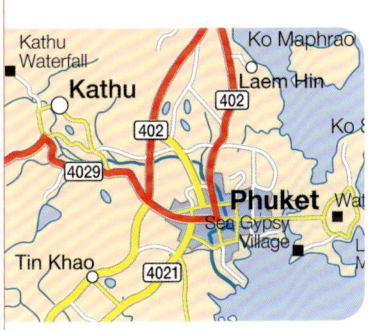

98 户外活动

102 带着孩子旅行

106 每月节庆与活动

108 旅行随时查

110 实用信息

116 教你当地话

120 索引

124 禁忌事项

信息检索
历史事件表→P.10
书籍/电影→P.27
特色美食→P.30
一种多用途的树→P.64
节庆日→P.107
它们值多少钱→P.111
货币汇率→P.113
普吉岛天气→P.114

地图标注
（折页A-B 2-3）：折页地图上的位置
（折页a-b 2-3）：折页地图中附加地图上的位置

欢迎来到普吉岛

　　梦幻般的白色沙滩和热带雨林，色彩丰富的集市和巨大的购物中心，喧闹刺激的夜生活。普吉岛这座海岛都市的老城区越来越像一座充满生机的露天博物馆，难怪它得到全世界游客的钟爱。每年来岛上度假的游客超过500万人——超级富豪们把豪华游艇停靠在码头上，普通人也来这儿度假，放松身心。您会为始终带着笑容生活的泰国人而感动，突然意识到原来生活可以这么简单地变美好。

　　僧人的橙色袈裟在晨光里闪耀。善男信女跪在镏金寺庙里的金色佛像前，他们双手合十，手中是刚采摘的莲花。渔民在船头系上彩色布条，出租车司机开的车是一种四轮的迷你突突车，后视镜上挂着茉莉花和兰花编成的花环。这些都是为了祈福驱邪，保佑水上和陆地上的人平安吉祥。开阔的种植园里一排排橡胶树笔直地生长着，椰子树将羽毛状的树荫投射在或雪白或金黄的沙滩上。一个个小海湾里，珊瑚肆意生长，几乎从海里触到细沙海岸。海洋如同一块矢车菊蓝地毯延伸至天际线。当您潜入这片深蓝色海水中，会发现仿佛置身于水族馆中。彩

上图：大卡塔海滩

普吉岛

神态调皮：普吉镇附近的诗里寺中的卧佛

纸般鲜艳的鱼儿围绕在您身边，触手可及。陆地上和水下共同构成一场视觉盛宴，真是一个壮丽的热带彩色世界！

> 彩纸般鲜艳的鱼儿围绕在您身边，几乎触手可及。

普吉岛所在的普吉府总面积约为546平方千米（做个对比：新加坡面积是640平方千米），面积在泰国70余个府中排名倒数第二，但它却是泰国旅游业最发达的地方，经济排名非常靠前。只有860千米之外的泰国首都和工业重镇——曼谷的人均收入略高于它。根据泰国标准，34万岛民中的许多人已经

1518年 葡萄牙人建立了第一家锡制品交易所。

1681年 那莱国王（Narai）任命法国传教士雷内·夏波诺（Rene Charbonneau）为普吉岛长官。

1785年 缅甸入侵者占领了当时的首府塔廊（Thalang）。当地妇女穿上士兵的服装，缅甸人误以为我方力量悬殊，迅速撤兵。

1809—1812年 缅甸军队三次入侵普吉岛，放火烧毁塔廊城，血腥屠杀当地百姓。

欢迎来到普吉岛

过上了相当富裕的生活。他们早已告别干栏式木屋,取而代之的是舒适的带墙房子。当地人骑摩托车或者开车上下班。

1903年,第一棵橡胶树在普吉岛生根,在那之前,已经有一门价值百万的生意改写了小岛的历史——锡矿开采。欧洲19世纪开始的工业化进程带来对锡矿的井喷式需求。成千上万的中国苦力从马来西亚来到普吉岛。今天岛上大约1/4的人口有中国血统。直至1977年,小岛锡矿产业的收入还是旅游业收入的2倍。20世纪80年代国际锡矿石价格下降,岛上锡矿产业渐渐衰落。20世纪70年代,第一批背包客从遥远的欧洲走进荒凉沙滩上以棕榈叶为屋顶的小屋。40多年后的今天,这座由锡矿开采者、渔民、橡胶种植者"占领"的小岛已经富甲一方。

穆斯林渔民的祖先也来自马来西亚,当年他们在岛上做按日计工资的临时工。20世纪和21世纪之交,一部分中国南方人来到普吉岛,他们和当地泰国人和谐相处,有了共同的身份——自豪的普吉岛人(Khon Phuket)。有一个小群体依然与主流社会保持着距离,生活在自己的空间里:海上吉卜赛人(Chao Leh,字面意思是水上人、海洋民族)。他们的祖先是最初登上普吉岛的人之一,但他们从哪里来至今还是令人种学家困惑不已的未解之谜。多元文化社会的历史还体现在宗教信仰上。泰国的穆斯林民众在刷成白色的清真寺里朝着麦加圣地方向跪拜;佛教信徒在颜色鲜艳的寺庙里双手合十。颜色同样艳丽的还有装饰

- **1897年** 第一所学校建立。
- **1903年** 第一株橡胶树树苗被种下。
- **1906年** 第一个漂浮式锡矿勘探平台建成。
- **1950年** 第一座连接陆地的桥梁建成。
- **1976年** 国际机场建成开放。
- **1980—1990年** 芭东海滩掀起房地产热潮。
- **2001年** 最后一片海滩被开发。

普吉岛

有龙头雕塑的中国寺庙（sanjao），里面同时供奉着佛像和道教仙人像。

普吉镇（Phuket Town）上中葡式风格的雄伟建筑令人回想起小岛曾经凭借锡矿和橡胶产业富甲一方的历史，极具艺术美感的栏杆和廊柱、石膏立面和半圆拱窗户是标志性特征。今天有70 000居民生活在普吉镇，它是小岛的行政和历史中心。但是许多游客在岛上度假数周都没有去过镇上——因为他们被海滩牵绊住了脚步。

东南亚其他小岛的海滩上也有温暖的沙子，但是很难立刻找到另外15个拥有相同品质的沙滩——而普吉岛可以。有些游客认为这个海滩是梦中才有的样子，但对另一些游客而言可能是噩梦一般的存在。这正是普吉岛海滩的魅力所在：既有宁静安详的海滩，也有狂欢喧闹的海滩。喜欢后者的，可以去芭东海滩（Patong Beach），晚上1 000多家酒吧同时放着迪斯科音乐，您可以尽情狂欢。喜静的游客可以去班涛海滩（Bang Tao Beach）的南端，看渔民把刚捕捞的鱼从小船里倒出来；夜晚的音乐是蝉鸣，还有灿烂星空陪伴着您入眠。自2015年起，几乎所有沙滩都实行了以下规定：只能在规定的小区域内摆放沙滩椅或者直接躺下，而且禁止吸烟。

> 普吉岛既有宁静安详的海滩，也有狂欢喧闹的海滩。

普吉岛是东南亚众多旅游目的地中璀璨的明珠之一。2004年海啸的阴影已经完全消散，在泰国南部的其他城市也是如此。渡轮每隔一个半小时一班，往来于普吉岛和皮皮岛（Ko Phi Phi，又名阁披披岛，本书中采用译名"皮皮岛"）之间。大、小皮皮岛交相辉映，是大自然创造出的极致美丽。石灰岩山体从洁白的沙滩上拔地而起，如摩天大楼般高耸入云，倒映在水中。

2004年 海啸造成泰国南部5 000余人丧生，其中有2 000余人为外国游客，普吉岛遇难人数200余人。

2007年 普吉岛及周围岛屿游客人数首次超过500万人。

2010年 普吉岛基础设施建设大发展之年：政府投入12亿泰铢用于道路建设、机场扩建和会展中心建设。

2016年 普密蓬·阿杜德国王（Bhumibol Adulyadej）去世。十月，他的儿子玛哈·哇集拉隆功（Maha Vajiralongkorn）继位。

欢迎来到普吉岛

在皮皮岛上打沙滩排球：人们喜欢在绵白糖一样细腻的沙滩上发球

正是如此多的美丽景色吸引了成群结队的旅行者前来。自从莱昂纳多·迪卡普里奥（Leonardo DiCaprio）担任男主角的荒野冒险电影《海滩》（The Beach）问世以来，皮皮岛就成了派对之岛，也跻身世界最美十大岛屿榜单。当您被裹挟在游客大军中穿过岛上道路狭窄的村庄时，可能会想，皮皮岛上是否还有一方寂静角落，可以让人享受如梦境般美好的大自然。答案是肯定的——在水下，因为皮皮岛和它周围的小岛是潜水天堂。

另外一对"双子星"小岛是绝对安宁之处，而且离普吉岛更近：小长岛（Ko Yao Noi）和大长岛（Ko Yao Yai）。二者是海上绿洲，广袤的热带雨林在岛上肆意生长。岛上民众以打鱼和收割橡胶为生，零散的游客就像蛋糕上的葡萄干。如果您想骑车穿过热带雨林、做瑜伽、观看犀鸟或者躺在吊床上放空自己，这儿是完美选项。在大、小长岛上，您还能了解到普吉岛在被游客大军"攻占"之前是什么样子的。这儿是游客尚未涉足的处女地——没有酒吧，没有熙熙攘攘的人群，没有多语种广告海报。

> **小长岛和大长岛是海上绿洲。**

普吉岛和它周边的岛屿会给您带来一种令人愉悦的选择困难症。无论是安静之所还是喧哗之地，无论是人文表演还是自然风光——安达曼海（Andaman Sea）的小岛世界应有尽有。海滩都相隔不远，视线之内永远有带着笑容的当地人。

当地锦囊

从所有的当地锦囊中,我们为您挑选出了15条最棒的旅行建议。

当地锦囊 在顶级海滩上做瑜伽
高贵典雅的普吉岛万丽度假酒店及水疗中心坐落于迈考海滩旁,您可以在岛上最长的海滩上做瑜伽,完全放松自己。→ P.48

当地锦囊 瞰海包厢
人尽皆知,从神仙半岛可以俯瞰全岛。而这儿也有一个小众的观景平台,能够以梦幻视角俯视大海,您可千万别跟其他游客讲。→ P.66

当地锦囊 在猴子海滩潜水
猴子海滩的沙子洁白如雪,在阳光下闪闪发光。水质清澈,在那儿潜水就像置身于水族馆中一样明亮清晰。但是请不要躺在沙滩上:海滩名字里的"猴子"可不是空穴来风。→ P.79

当地锦囊 让骨骼都能放松的按摩
位于苏林海滩的德苏林健康水疗中心有竹条按摩项目——力道深入骨髓,令人完全放松。→ P.59

当地锦囊 令人一见钟情的餐馆
小长岛的素食餐厅法耶饭店布置得非常漂亮,可以吃到可口的菜肴,配上咖啡或者鸡尾酒,您会立刻爱上这个餐厅以及这座尚未开发的小岛。→ P.82

当地锦囊 夜晚来场高尔夫球
在强光灯下打高尔夫?在普吉岛可以实现:查龙附近的普纳卡高尔夫球场晚上也有人在挥舞球杆。→ P.99

当地锦囊 在老建筑里享用美食
中国旅馆餐厅位于普吉镇一座中葡式别墅内,修葺得非常漂亮,在那儿您可以吃到地道的泰国菜。(上图)→ P.71

当地锦囊 特色商品
在OTOP天堂购物中心,有许多啤酒酒吧和便宜商品,但是也有极具泰国南部特色、做工非常精致的手工艺品。→ P.54

当地锦囊 ▶ **沧海遗珠**

竹子岛面积很小，孤独地漂浮在大洋之上。请在这颗沧海遗珠的沙滩上留下您的足迹吧。➔ P.80

当地锦囊 ▶ **闻香而至**

最老的中药店位于普吉老镇，置身其中仿佛走进了一家博物馆，但它还在卖各种药材。不要担心找不到，闻着药香就走到它跟前了。➔ P.73

当地锦囊 ▶ **在原始森林中体验有趣的轮胎漂流**

轮胎漂流让热带雨林一下子变得趣味盎然：坐在汽车轮胎的内胎里沿着索河缓缓顺流而下。➔ P.94

当地锦囊 ▶ **在芭东海滩找一家安静的酒吧**

想在芭东海滩安静地喝杯啤酒，而不是一进门就被喧嚣包围？来爱尔兰酒吧莫莉·马龙之家就对了。➔ P.56

当地锦囊 ▶ **物超所值，美味可口**

福建汤面的做法最初是由中国移民带到岛上的。普吉镇的闽南汤面餐馆做的味道尤其棒。➔ P.71

当地锦囊 ▶ **住在木桩村落，远离游客喧嚣**

当攀牙湾一日游的大部队游客结束行程，准备匆匆离去的时候，您可以惬意地在班儿岛木桩村落里的莎阳别墅家庭旅馆过夜。这是一个穆斯林聚居的幽静村庄，您可以很轻松地融入当地人的夜生活。（下图）➔ P.94

当地锦囊 ▶ **一家甜甜的咖啡馆**

这家位于奈涵海滩的咖啡馆起了一个名副其实的店名：一勺糖。小店风格复古，小蛋糕香甜可口，味道令人惊叹。➔ P.64

体验普吉岛

免费畅游
既省钱，又能发现新事物

省钱有道

● 步行穿过沼泽地
在斯里纳斯国家公园，您可以步行穿过红树林热带雨林，而且不会弄湿鞋子。一座厚木板搭建而成的栈桥带您探索这个充满魅力的生态系统。国家公园的这部分是不收门票的。→ **P.47**

● 从山顶欣赏印在明信片上的景色
美到令人窒息的景色只需要出一点汗就能看到：当您爬上348级陡峭的台阶，到达观景点时，皮皮岛的双子海湾豁然出现在脚下，陡峭的悬崖戴着葱绿的帽子从碧波浩荡的海中露出头来。→ **P.78**

● 参观中国神庙
许多普吉岛人的祖先来自中国，今天岛上依然供奉着中国神灵。色彩艳丽的中国神庙位于普吉镇，在那儿您可以看到艺术之神（Tean Hu Huan Soy）、素食之神（Kiu Wong）等众多神像。（左图）→ **P.68**

● 在酒店大厅感受历史
免费在历史中徜徉：塔旺宾馆大厅不仅办理入住，还能欣赏普吉镇老照片，那时候游客还未踏足岛上，街上还有黄包车。→ **P.72**

● 国王塔
神仙半岛上的灯塔是为了致敬国王而建。从上面不仅可以俯瞰普吉岛南部海岸的壮丽景色，塔内还能免费使用六分仪观看水文图。→ **P.66**

● 埋在地里的佛像
金佛寺中的佛像值得一看：佛像金身深深埋入地下，只有上半身露在外面。据传说，所有试图挖出佛像的人都会丧命。景点免费参观。→ **P.39**

本色普吉岛
不容错过的特色体验

● **殖民地气息**

泰国从古至今都是一个完全独立的国家，但是在普吉老镇您可以嗅到一丝异国的气息。漫步在老城区，您会发现许多中葡式古建筑。旁边的罗曼尼小巷中也有类似风格的建筑。→ **P.69**

● **乘风破浪**

在普吉岛坐船从一个海滩到另一个海滩或者前往周边的小岛是许多游客的必选项目，叶叶扁舟仿佛沧海一粟。在拉威海滩边，众多长尾船组成的"舰队"正等候客人。→ **P.25**、**P.66**

● **在寺庙燃放爆竹**

泰国的佛教寺庙不只是幽静之地。例如，查龙寺的鞭炮声有时候震耳欲聋。那是香客们在感谢佛祖保佑，让他们愿望成真。寺庙里售卖烟花爆竹。→ **P.61**

● **在安达曼海上扬帆起航**

安达曼海是亚洲排名第一的帆船运动中心，而普吉岛吸引的帆船爱好者数量最多。加入他们吧！奥森海滩、查龙湾以及奈涵海滩有专门的设备专卖店。→ **P.100**

● **鳞次栉比的酒吧**

芭东酒吧街之于普吉岛就像后海酒吧街之于北京。数百家酒吧密密麻麻地挤在一条街上，大部分店只有一张长条桌、上面有屋顶可以遮挡风雨。每天晚上都如狂欢节般喧闹躁动，泰国再没有比这儿更刺激的夜生活了。→ **P.55**

● **真的不痛苦**

他们把钩子和铁扦穿过舌头和面颊，而感觉不到疼痛。普吉镇庆祝素食节时，会有成群结队的朝圣者如此打扮。有些游客仅仅是看到这一幕就觉得脸疼了。（上图）→ **P.106**

本地特色

雨天游玩
下雨天，也美妙

- **曾经的学校**
  中国移民对普吉岛产生了深远影响。遇到下雨天，您可以去泰华博物馆转转。它的前身是一所华侨学校，游客可以了解小岛的祖先从哪里来，如何在此安身立业。→ P.70

- **亲自下厨**
  站到灶台边吧！在位于芭东海滩的帕姆烹饪学校您会学到如何制作咖喱酱，如何使虾汤入味。→ P.54

- **买买买，买到精疲力竭**
  下雨天在江西冷，您会觉得时间过得飞快。它是岛上最大的购物中心，里面有300多家商店和一个百货商场，可能一开始您只想逛逛看看，但很快就会购物到停不下来。如果中间肚子饿了，可以在众多餐馆中找一家补充体力。（左图）→ P.54

- **全家都会玩得开心的地方**
  在特丽爱博物馆，您会变得创意非凡。在画前摆好姿势，成为艺术品的一部分。最好是组团前来，乐趣翻倍增加。一定不要忘了带照相机，在里面能玩很久！→ P.70

- **仰视鲨鱼**
  当您看到大白鲨时，无须害怕。普吉岛水族馆里连接大水箱的透明管道非常坚固。还有成群结队的热带鱼从您的眼前游过。→ P.63

- **下到矿道里**
  地底下就没有乌云啦！普吉岛锡矿博物馆复原了当年的采矿场景，包括真人大小的采矿工人模型。→ P.75

下雨时分

休闲之所

深呼吸，尽情享受，忘记烦恼

放松身心

● **牛奶和蜂蜜流淌的地方**

万豪迈考海滩酒店的水疗中心提供精致的牛奶蜂蜜浴和芬芳花瓣浴（下图）。两个人一起去的话，愉悦的享受也会翻倍增加。推荐浪漫按摩套餐，共同舒缓身心。→ **P.47**

● **在海湾之上享受快乐时光**

伴着日落，来一杯莫吉托绝对不会错。如果视野还非常开阔，您会终生难忘这美好的风景。奈涵酒店的倒影酒吧就是这样一个地方，它高居奈涵海滩之上。→ **P.65**

● **几乎独自享受一片海滩**

普吉岛上真的还有这样的海滩，游客数量可以一只手数过来——例如鲜有人知的香蕉海滩。在那儿您会产生鲁滨孙荒岛求生的错觉，岛上其他地方可没有这种体验。→ **P.49**

● **夕阳下的冷餐会**

在Joe's Downstairs饭店享受精致美食佳肴，或者边喝鸡尾酒边欣赏芭东海滩的弧形海湾——倚靠座椅，静静欣赏热带落日如何诠释"壮丽"二字。→ **P.52**

● **让灵魂放个假**

闭上眼睛，放空思绪，想象自己是天上的云。小长岛上的瑜伽和冥想项目帮助您放松身心。→ **P.83**

● **沙滩的奢侈玩法**

洁白如雪的卡塔海滩已经足够惊艳。但能增加一些奢侈感吗？精致的雷卡塔沙滩俱乐部可以满足您的愿望。舒适的沙滩床，精致的美食，繁多的咖啡种类——热的、冰的都有。如果觉得在海里游泳盐分过高，还有泳池等着您。→ **P.45**

潮流之选

① 夜市

夜市 当太阳落入地平线,泰国人开始享受购物的乐趣。夜市是一定要体验一次的地方。人们在此聚会聊天、品尝好吃不贵的菜肴、看人来人往同时也被路人看。普吉镇上人气特别高的夜市有规模较大的周末市场(Weekend Market 🏠 Chao Fa Rd. 🕒 周六、周日16:00—21:00),规模较小的集装箱市场(Chillva Market 🏠 141/2 Yaowarat Rd. 🕒 周日至周三16:00—22:00,周四至周六16:00—23:00)以及步行街(Walking Street 🏠 Thaland Rd. 🕒 周日16:00—22:00)(左上图)。

② 踏浪而行

立式滑板(Stand Up Paddling) 这项新潮的水上运动已经在普吉岛海岸线上流行开来:站在冲浪板上,以一支长桨为工具,沿着海岸线飒爽前行,令人心旷神怡。特别推荐西海岸日落时分!相关课程和游玩项目可以咨询SSS Phuket(🏠 Patak Rd., Kata Yai Beach @ www.sssphuket.com),Saltwater Dreaming(🏠 Surin Beach @ www.saltwater-dreaming.com)或者Skyla's Surf & SUP [🏠 凯驰海滩俱乐部(Catch Beach Club,P.36)附近,Bang Tao Beach @ surf-sup.asia]。

③ 动物保护的典范

动物保护 泰国人在关爱动物方面常常做得比欧洲标准更好。保护意识已经深入人心!最好的证明是普吉岛JW万豪水疗度假酒店(JW Marriott Phuket Resort @ www.maikhaomarineturtlefoundation.org)的海龟基

> 普吉岛有许多新鲜事物等待您去探索。

金会（Turtle Foundation）。它是一家海洋生物机构，既向公众讲解相关知识，又从事海龟保护的实际工作。例如看护海龟窝（上页左下图），或者将其带到设在普吉岛水族馆（Phuket Aquarium）的保育站。同样致力于相关工作的还有艾琳塔度假村（Resort Aleenta 🏠 Natai @ www.aleenta.com）。

老工艺，新设计

用旧货装点室内 奶奶的老式电子管收音机、复古风的口香糖自动贩卖机和体型娇小的黑白电视机在普吉岛上价格不菲。越来越多的咖啡馆和餐厅喜欢用这些老物件儿装饰店面。看起来非常有格调，完全不会给顾客带来伤感情绪！拉斯塔咖啡馆（Rasta Café 🏠 15/1 Phuket Rd., Phuket Town 🕐 每天11:00至次日凌晨1:00）中收藏了大量老式电子管收音机，普吉老镇咖啡馆（Old Phuket Town Café 🏠 Thaland Rd.Yaowarat Rd. 🕐 每天10:00—22:00）能向您证明当年的老物件外观设计得确实经典。奎珀住宿加早餐旅馆（Quip Bed & Breakfast 🏠 54 Phuket Rd.）大堂里陈列着许多老式电视机。

女性的力量

泰拳（Muay Thai） "哈！"一声充满野性力量的声音响彻耳边，伴随着一个年轻女子用脚踢沙袋的声音，一下又一下。发生了什么？泰拳从前是男人从事的运动，被称为"世界上最冷酷的力量型运动项目"。现在越来越多的女性加入了比赛训练队伍或者愿意花钱为之流汗。这项艰苦项目已经被众多健身爱好者"种草"。目前人气特别高的是泰国最大的泰拳训练中心：Tiger Muay Thai（🏠 Soi Taiad, Ao Chalong @ www.tigermuaythai.com）。Sinbi Muay Thai（🏠 100/15 Moo 7, Soi Sai Yuan, Rawai @ www.sinbi-muaythai.com）的教练实战经验非常丰富，有一些甚至拿过国际大奖。

上图：栲帕吊国家公园

普吉岛面孔

动物世界

尽管普吉岛的热带雨林覆盖率只有7%，然而在小岛东北部、岛上连续热带雨林面积最大的栲帕吊国家公园（Khao Phra Thaeo National Park）中，豪猪和小鹿穿行林间，长臂猿和猕猴在树上荡来荡去，犀鸟在天空盘旋，眼镜蛇和蟒蛇在灌木丛中时隐时现，甚至越过保护区界线。它们不是任何情况下都把人类视作敌人，因此您有机会近距离观察这些充满异国情调的"丛林土著"。水下的动物世界带给人的观感体验非常好：普吉岛周边水域是举世闻名的潜水胜地。无论是体型娇小、五彩缤纷的珊瑚鱼，还是体型巨大、性格温顺的鲸鲨，几乎可以保证您的这次旅行将是一次终生难忘的经历。

他们是"falang"！

走在泰国街头巷尾，您总会听到一个词：falang。它指的就是白皮肤的外国人。当地人对欧美游客可能会这样评头论足："那个falang喜欢这个，喜欢那个，看，那个falang长得……"真相到底如何，当然不得而知了。这个单词的来源不详，可能是英语"foreigner（外国人）"的变体，也可

> 长尾船和红树林热带雨林,佛教和喧闹的酒吧——普吉岛可不止一面。

能从法语"français(法国人)"一词演化而来,因为泰语中法国人被称为"farangset"。

如果酒店员工直接称呼您的名字,而不加姓,请不要感到惊奇。那并不是故意跟您套近乎,只是泰国人的习惯而已。达官显贵,甚至总理都会被民众直接喊名字,但是前面会加上"khun"一词。这个词称呼男士女士均可。

对塑料垃圾说"不"

对于普吉岛这样的旅游岛屿而言,未遭破坏的环境是其最大的资本。但是恰恰是旅游业带来的大兴土木严重损害了自然环境。地下水水位下降,能源消耗增加,每年数百万的游客还制造了无数垃圾。最严重的是塑料垃圾——一场现代瘟疫,目前几乎席卷整个东南亚。

普吉岛

五颜六色的袖珍"小庙"

塑料袋的滥用是一个大问题。不管买的东西多少,收银员都会条件反射般装入塑料袋递给顾客。如果您对店员说"mai sai tung(不要塑料袋)",将商品装入布袋中,会获得他们的尊重。

神龛

它们看起来像袖珍"小庙",建在一个基座上,民宅、商店、酒店、银行的门口到处都有。因为土地神(phii)可能藏在各个角落。这些五颜六色的小庙能够为他们提供栖身之地。泰国人信奉土地神的历史比信奉佛教还久远。鲜花、一小碗米或者一杯水就能让土地神心情愉悦,结束四处漂泊的动荡生活,得以安居。

无论何时,问候土地神肯定没错。许多泰国人经过重要的神龛时会双手合十行礼。如果开着车,会按喇叭致意。如果您开车从普吉镇前往芭东海滩,路过位于芭东山(Patong Hill)上的大神龛时,会听到一场由汽车喇叭声汇成的"音乐会"。

普吉岛面孔

人和象

如何平衡东南亚的旅游业发展和大象保护问题是一个棘手难题。无论泰国、越南还是柬埔寨都面临相同情形：驯养大象大部分是商业化行为，目的是盈利。无数的大象园提供各种游玩项目，从给大象喂食、抚摸大象等单纯的互动游戏，到大象绘画表演，骑象散步（在大象背上绑上沉重的长椅座位）。这些机构不是单纯地为年老的大象提供容身之处，使之颐养天年，而是纯粹地利用大象挣游客的钱、追逐利益。现实状况对这些庞然大物的生存越来越不利已成事实，最好的做法可能是拒绝一切带有表演性质的马戏团项目。给大象喂食已经足够了！

现在风气已经明显好转：部分旅行社取消了大象参与的游玩项目。如果您预定了参观大象的行程，请您仔细观察动物的生活状态，或者提前向动物保护组织咨询该项目是合法。

长尾船

● "长尾"可不是指某种猴子，而是一种带有发动机的敞篷船，是泰国南部穿行于海岸边的常见交通工具。这种木质船的船头很高，因为发动机部分伸到甲板以外，得名"长尾（hang yao）"。螺旋桨直径约为1.5米，在船尾随海浪起伏，时而没入水下，时而露出海面，仿佛一条长尾巴上的羽毛。过去，渔民驾着长尾船出海打渔，今天这些隆隆作响的"海上战马"载着越来越多的游客游览海岸、前往小岛。最好随身带着耳塞，或者选择马达上配备有消音器的船只乘坐。

租长尾船必须同时雇用船夫——这也是比较稳妥的做法。岛上开设有学习如何驾驶这种可以水平转向的船只的课程。大部分游客聚集的海滩都有长尾船出租。拉威海滩（Rawai Beach）规模最大，等候客人的船只组成了一支"无敌舰队"。

红树林

它们在海陆交接的浅滩上组成了一片雨林，同时也是一个物种丰富的生态系统：红树林是鱼、蟹、虾的"儿童房"。它们的根系构成了一道抵挡海浪冲刷、防止水土流失的天然屏障。普吉岛东海岸海水较浅、淤泥多，是红树林生长的理想环境。过去那儿的红树林屡遭砍伐——为了制成木炭卖钱，不过规模还在大自然能承受的范围内。但是，由于大规模鱼虾养殖场的兴建，近几年伐木行为愈演愈烈。

目前，红树林对环境的重要作用被广泛认可。泰国政府批准拨款1.8亿泰铢用于在东海岸修建一条道路，为了尽可能保护一片距离普吉镇很近的红树林，这条路将以架桥的形式铺设。如果想要了解更多关于泰国和其他国家红树林保护的项目，请点击 @ www.mangrovesforthefuture.org 网站。

护身符项链

它们叮当作响，泛着金色或银色光芒，造型奇特，在脖子上晃来晃去——这是以护身符为吊坠的项链，许多信佛的泰国人脖子上都挂着一条。陶、铜、金或者木制的小吊坠上覆盖透明的塑料保护层，外面是银制或者金制的小匣子。吊坠造型通常是

普吉岛

敬佛上香是泰国佛教徒的日常宗教礼仪

佛祖或者高僧，常常是祖传物件。泰国人认为戴护身符能够驱邪避祟，祈福平安。许多商店和集市上可以买到这种护身符项链，人行道上也有流动小贩售卖。许多寺庙也卖护身符，而且如果在寺庙买这种护身符项链，还能让僧人现场开光。

当心，您的言行已经冒犯别人

在泰国，您的言谈举止会很容易触碰到红线，而且您还浑然不觉。

因为泰国人不是那种会立刻指出您错误的直率之人。但是有时候泰国人也会失去耐心。例如外国人冒犯泰国王室（这在泰国是违法行为，会受到处罚）或者对佛教代表人物不敬。

当然，在这个微笑国度也会发生让人生气的事情。例如服务员反应迟缓，出租车司机漫天要价。当您想要强调自己的立场时，请尽量语气友好，声音不要太大，不要让对方觉得丢脸。因为丢脸对泰国人来说是最可怕的事情。

寺庙和泰铢

事实上，泰国是世界上佛教气息最浓厚的国家之一：大约95%的泰国人是佛教徒。但是普吉岛的情况略微特殊：岛上1/3的人口信奉伊斯兰教，而且清真寺的数量比佛教寺庙（wat）还多一些。

无法忽略的还有大量的中国寺庙。它们颜色艳丽、装饰有龙头雕像，会立刻吸引你的视线。中国寺庙在普吉镇尤其多：这儿是中国移民的后代供奉道教真人和儒家圣贤的地方。

中国寺庙和佛教寺庙在泰国人的日常生活中十分重要。尽管没有固定的敬神礼佛时间，寺庙里却香火不断。如果想进入寺庙里，需要通过某

普吉岛面孔

种测试或者特意准备什么吗？答案是否定的，直接进门即可。佛教寺庙中的僧侣不是完全与世隔绝。游客和其他宗教信仰者可以随时拜访一所佛教寺庙。您可以带一些供品，寺庙里也会出售香、花环。

泰国问候礼

在泰国随处可见人们以双手在胸前的合十礼（wai）互相问候，而不是握手。这个动作看上去很优雅，游客会想：这样打招呼好棒，我也要这么做！但是，请小心行事！因为看上去没有区别的"wai"，背后大有玄机。它除了问候，还可以表示道歉、感谢或者请求。对方的社会地位越高，你的手摆放的位置就要越高。双方行礼的顺序也很重要：年轻的人要先向年长的人行礼，地位较低的人要先向地位较高的人行礼。如果您不能准确掌握这些规则，点头示意友好即可。更简单的做法是展现不明就里的微笑。

书籍/电影

《海滩》——这部影片讲述了一群年轻的乌托邦寻找者的故事，情节扣人心弦。岛上许多餐厅和酒店的大屏幕上都会播放。影片由丹尼·鲍尔（Danny Boyle）执导，莱昂纳多·迪卡普里奥担任男主角（2000年上映）。影片在皮皮岛的玛雅湾（Maya Bay）等地取景，因此那些地方一直是热门景点，游客众多。

《初三大四我爱你》——这部电影讲述了一个温暖的爱情故事，电影里单纯美好的爱情让人久久不能忘怀。除此之外，普吉岛的醉人风光也在电影里展现淋漓。

《007：金枪人》——这部电影在普吉岛附近著名的钉子岛（Koh Tapu）上拍摄，讲述了007与绰号金枪人的职业杀手之间的对抗。这个岛屿周围的整个区域都有其标志性的岩石尖顶，非常壮观。

《加勒比海盗2》——在夺回自己心爱的"黑珍珠"号以及摆平被诅咒的巴博萨船长之后，迷人的杰克船长并未就此过上风平浪静的逍遥日子……

美食

  普吉岛美食的国际化正如来这儿的游客身份的国际化。如果您想吃，可以吃到奥地利果酱馅蛋卷煎饼、意大利比萨和西班牙海鲜饭。但是如果想开启一场味觉探索之旅，一定要尝尝食材新鲜、容易消化，而且香气扑鼻的泰国菜。

  小饭馆里的每个角落都冒着热气，服务员把还在吱吱作响的菜端到客人面前。可以移动的小吃车停靠在路边，厨师在人行道上摆上几组桌椅，一个"露天餐馆"就搭建完了。几泰铢就可以吃到一碗带鸡肉的面条或者有螃蟹的炒饭，还有菠萝馅的煎饼。

  以清淡少脂见长的泰国菜非常健康，受到营养学家的热捧。泰国菜里红肉使用非常谨慎，大量使用禽类和海鲜。调料种类丰富且量很足。蔬菜烹饪时间很短，因此口感清脆、维生素保存完好。此外，泰国菜和热带气候完美契合。辛辣的菜品是杀菌良药，对于高湿度环境下高强度运转的血液循环系统有良好促进作用。而且泰国菜清淡、易消化，不会给胃带来严重负担。

  泰国菜端上桌时已经切成合适大小。要用右手拿勺子吃。只有带汤的面条才用筷子吃。一份典型的泰式菜单可能包含多达5种风味的菜品，另外再配一大碗米饭，这种组合将充分刺激味觉神经。吃自助餐时，一下子把所有调味品都拿到自己桌上是不礼貌的行为。只有高档餐厅实行固定的

上图：虾配米饭和红辣酱

非常辣但非常好吃——泰国菜不仅容易消化、有益健康,而且味道很赞。

用餐时间,午餐11:30—14:00,晚餐18:30—22:00。在普吉岛还可以吃到邻国马来西亚的菜品,在泰国南部其他地方也是如此。例如泰式伊斯兰咖喱(gaeng massaman)里面有牛肉、花生和土豆块,搭配的是红咖喱酱。当然,小岛的厨师们钟爱海洋馈赠的各种食材。但是近海水域已经基本难觅鱼虾踪影,大部分海鲜来自人工养殖,例如著名的普吉龙虾。它的"亲戚",体型迷你的小虾(gung)也几乎都是来自沿海的养殖场,岛上也有水产养殖场。

泰国人喜欢吃辣。在外国游客较多的餐厅,厨师会少放些辣椒。如果您不吃辣,为保险起见,可以在点菜时说明"mai peht(不要加辣椒)"。炒饭或者面条通常是由客人自己加调料——桌上有辣椒粉、糖或者上面漂着碎辣椒的酸甜口的醋汁。调料中没有盐,取而代之的是鱼露(nam pla),鱼露加上些碎辣椒的味道更佳。

泰式沙拉(yam)与用蔬菜叶、西红柿调拌的欧式沙拉完全不同,作为小吃被食用。通常来说是辣的,

普吉岛

特色美食

绿咖喱鸡（gaeng kiau wan gai）——绿咖喱搭配鸡肉和茄子，是一道吃完令人大汗淋漓的美味，有一点点甜（"wan"即"甜"的意思）。

虾卷（gung hom pa）——裹上面团的虾。吃的时候蘸牛肉酱或者一种酸甜口的醋汁，里面还有辣椒圈。（上左图）

炒饭（kao pat）——对于"吃货"而言可能不足为奇，但是确实顶饱。里面有鸡蛋（kai）和蔬菜（pak）。还有可能加入的配料有螃蟹（gung）、猪肉（mu）或者鸡肉（gai）。

面汤（kui tiao nam）——泰国最受欢迎的小吃。街角路口的流动摊位都有售卖。大多数店家的面汤里面有猪肉或者鸡肉，但是鸭肉（pet）品种的味道更胜一筹。

烤墨鱼块（plamuk tohd katiam pik thai）——烤墨鱼块，如果搭配大蒜和辣味不重的辣椒往往味道更佳。

沙拉（som tam）——里面是颜色尚青的木瓜薄片。搭配有番茄、风干蟹、小虾和大量辣椒。可以和生蔬菜、糯米饭以及木炭火烤制的鸡肉（gai pat）一起吃。

鸡肉椰奶汤（tom kha gai）——充满异国风情的味道。当心：调料盘里有辣椒。

冬阴功汤（tom yam gung）——这道略带酸味的虾汤是泰国的非官方"国菜"。柠檬草赋予它独一无二的口感，大量的辣椒保证了它的辣度。一定要配米饭吃。

粉丝沙拉（yam wunsen）——搭配有洋白菜、虾和碎猪肉的粉丝沙拉，非常辣。（上右图）

"yam nüa"的意思是"变态辣"，同时带一点点酸，食材有牛肉片、大蒜、香菜、洋葱以及捣碎的辣椒。搭配有洋白菜、虾和碎猪肉的粉丝沙拉（yam wunsen）也非常受欢迎。

泰国人喜欢甜食——而且越甜越好。您可以在节日庆典、集市和路边的摊位买到热量极高的彩虹色小甜球，它们由摊主自己制作。想吃口感好但又不太甜的东西的人可以选择糯米蜜饯，它在椰奶中煮过，装在香蕉叶子上出售，卖相非常漂亮。普吉岛还以热带水果果园吸引着全世界的"吃货"。对于当地人而言，榴梿是水果之王，但有些人无法忍受其散发的臭味也是不争的事实。它的淡黄

美食

色果肉藏在扎手的外壳里,柔软似奶油。人们对待它的态度呈两个极端,要么趋之若鹜,要么敬而远之。获得所有人喜爱的是杧果(mamuang)。它和浓缩椰奶、糯米饭搭配在一起的杧果捞饭(kao miau)更是不可错过的美味。泰国人也很喜欢青杧,将其切成片蘸着糖和辣椒混合成的酱汁食用。山竹(mangkut)的酒红色厚果壳里藏着白色的果肉,味道甘甜同时带一点点酸。毛茸茸的红毛丹(ngo)、精致的荔枝(litschi)和红色的莲雾(dschompu)都值得一尝。

鲜榨果汁的种类不多,大部分是橙汁,常常添加柠檬水。此外,瓶装的饮用水(nam bau)、矿泉水和种类丰富的软饮都可以用来解渴。最受欢迎的泰国啤酒品牌是"Singha"和"Chang",国际品牌像喜力和虎牌也可以买到。很多餐厅提供德国进口啤酒。

价格实惠的白酒(Mekhong)是用大米蒸馏而成,被称为"Whisky"出售。Saeng Som酒原料是甘蔗,价格更便宜些,味道也略微清淡。两者都不是直接饮用,而是和苏打水、柠檬水混合成冰镇鸡尾酒。游客喜欢拿它兑可乐喝。

中国作者推荐餐厅

Thong Dee The Kathu Brasserie

这是一家现代化且具有小资情调的餐厅,供应各种各样的西方菜肴和一些亚洲菜肴。它被Gazzette网站评为最佳餐厅之一,每样菜品都由高品质的新鲜食材烹制而成,拥有着普吉岛最好吃餐厅的名声。服务员受过良好的培训,效率极高,致力于满足客人需求。招牌必点是自制鹅肝酱、金枪鱼和鸭肉沙拉。 Soi Bangthong 110/25,Kathu,Phuket 83120,Thailand 人民币39~195元 周二至周六16:00—22:00,周日12:00—22:00 0 76 31 93 23

Hern Coffee and Bistro

位于芭东海滩的一家人气颇高的西餐厅,餐厅的位置正对海边,若是傍晚时分,可以一边就餐一边欣赏海上落日,时不时地感受到海风拂过脸庞。特别推荐羊腿饭和三文鱼,羊肉烤制得非常鲜嫩多汁,三文鱼肉质柔软又轻盈,尝一口,独特的脂肪香充盈口腔,让食客感受来自深海的温柔。 66,Thawewong Rd.,Baan Laimai Beach Resort,Patong,Kathu,Phuket 83150,Thailand 人民币21~152元 8:00—23:00 0 76 34 41 35

泰国人深知,食物入口之前,先要入眼

购 物

普吉岛上的几乎所有商品都是在泰国其他地区加工制作,再运来岛上的,价格较贵。如果您还去曼谷、清迈等泰国北部城市游玩,请在那儿购物。岛上最佳购物地点是普吉镇和芭东海滩。环境保护者倡导游客不要买贝壳和珊瑚制品。人们将活贝类从海里打捞上来,蒸煮加工,做成纪念品。珊瑚买卖是被明令禁止的。

古董

如果您想买件正经的古董,请务必留意所购物品是否允许被携带出境,以及中国和您的其他目的地国家是否允许其入境。如果自己申报,将会非常烦琐。更多信息请致电塔廊国家博物馆(Thalang National Museum ☎ 0 76 31 14 26)。

佛像

如果泰国海关在您的行李中发现了佛像,事情会非常严重。即使是最便宜的塑料佛像,如果没有出口许可,也不可能带离泰国。戴在身上的护身符可以被携带出境。您可以在塔廊国家博物馆申请出境许可——前提是佛像不具有历史价值。通常而言,佛像是禁止出口的。

绘画

一幅毕加索的画只要人民币230元?是的,您没听错,虽然不是原作,但是仿得很真。普吉岛上游客聚集的地方有很多当地画家精于模仿他们享誉世界的同行的画作。游客还可以画一幅自己的肖像画,不需要一动不动地坐一个小时当模特,一张护照照片就足够了。普吉镇老城区的画廊里也有很多这样的画家。

调料

无论是胡椒还是肉桂,辣椒、姜黄还是咖喱酱——在泰国买这些异国调料的价格很便宜。所有的大型超市,例如乐购莲花超市(Tesco Lotus)都有调料专柜。如果想买到价格更实惠的,可以去普吉镇的集市。

金饰

金饰可以在专门的金饰店买到(千万不要买个体珠宝商的),一般被装在红色的盒子里。价格根据黄金的实时牌价调整。克数大的首饰可以随时退给店家,甚至可以在金价上涨后,赚差价获利。种类最多的金饰店位于普吉镇。

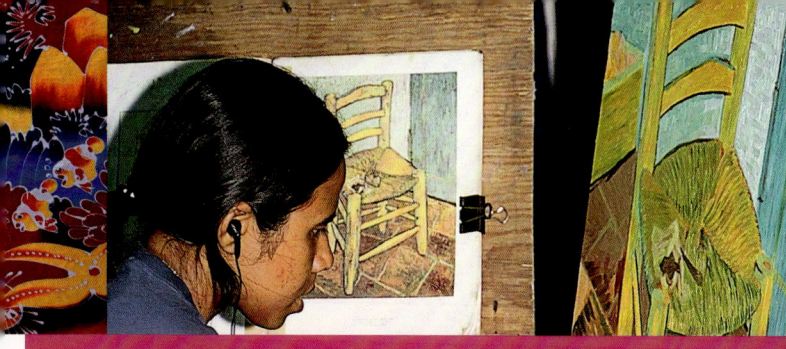

调料、织物、金饰和古董——普吉岛虽然称不上是购物天堂,但是您想要的纪念品都能买到。

宝石与珍珠

买宝石的时候请务必谨慎。不要买路边摊的宝石,也不要买流动小贩手里的。普吉岛的珍珠行业发达。如果想了解如何辨别真假珍珠,可以去珍珠养殖场看看,例如珍珠岛(Naka Noi)上的,也可以在旅行社预订相关项目。

织物

粗略估计,沙滩上一半的商店是服装店。请至少转两家店后再决定买不买,如果衣服不合适,可以现场改。成衣种类最多的商店集中在芭东海滩的普吉中心百货商场(Central Festival)和普吉镇的鲁滨孙购物商场(Robinson)。您可以在市中心,例如塔廊路(Thalang Rd.)的某些布店里买到泰国传统布料——pa kao ma。它被制成短纱笼(缠腰布)出售,但是也可以被用作腰带、围巾、头巾或者手帕。这一多功能布料大部分印有蓝红相间或者白红相间的方格图案。不需要经常清洗,但遇水会越来越柔软。这些蜡染布是岛上自产的,颜色鲜艳、充满热带风情,同时价格实惠,是馈赠亲友的上好选择。

中国作者推荐购物地点

尚泰普吉购物中心(Central Phuket)

这是一个非常新的四层综合购物中心,分布在两个独立的建筑里,提供地下停车场,供应各种知名服装和美容品牌商品,还开有很多电子产品商店,甚至还有冒险主题公园。🏠 74—75,Wichitsongkram Road,Wichit,Phuket Town,Phuket 83000,Thailand 🕙 10:30—22:00

普吉艺术村(Phuket Art Village)

这里是许多来自五湖四海的艺术家的聚集地。温情或是诗意,现实或是魔幻,不同风格的艺术品都在此呈现,可以带上一些现金,买走最合自己眼缘的作品。🏠 28/68 Soi Naya 2,Rawai,Phuket 83130,Thailand 🕙 全天

西海岸

这是一个怎样的神仙海岸!青翠的小山环抱着长长的沙滩和众多小海湾,让这儿成为与世无争之地。在这儿,来自世界各地的旅行者既能享受宁静,又可尽情放纵。

西海岸自北向南连绵50千米。上帝在那儿创造了顶级沙滩——共计约35千米,几乎所有的度假酒店都选址于此,几乎所有的度假者都在这儿晒太阳。芭东海滩是普吉岛的游客集中地,几乎形成了一座"沙滩之城",渴望阳光的人密集地躺在沙滩上。但是越往北走,越安静,您会发现还是有棕榈树和林木比游客多的沙滩和海湾的。

班涛海滩

(Bang Tao Beach)(折页C7)这片6千米长的沙滩被棕榈树和木麻黄树环绕着,看上去非常完美。但是20世纪80年代之前,这儿看上去仿佛月球般荒凉——当年的锡矿开采破坏了景观。

后来,拉古纳计划(Laguna Project)问世。废弃的锡矿矿坑被填埋,拉古纳绿化计划和7个高档度假酒店项目同时在海边启动。今天的班涛海滩除了以奢侈酒店著称,还最大限度地保持了原来风貌。海滩南部建有

上图:芭东海滩

> 在棕榈树下享受宁静时光或者玩闹到深夜——西海岸静谧的海湾和绵延的沙滩让一切成为可能。

一个小度假村,里面有商店和餐厅。

想去更高档一些的地方购物和用餐的话,可以去拉古纳度假酒店（Laguna Resorts）的入口道路两侧。

往陆地方向走一段有一个名叫承塔莱（Choeng Thale）的地方,居民大多为穆斯林,过着未被游客大军影响的安静生活。他们靠打鱼、种地、做生意为生。每逢节假日,当地人会聚集在普吉岛上最大的清真寺里做礼拜。

美食

7个拉古纳度假村共有30多家餐厅,可以满足最挑剔的美食家。度假村前面的沙滩上还有一排露天餐厅,拿手菜是海鲜。推荐想要过

普吉岛

普吉岛最大的清真寺,位于承塔莱

甜蜜二人世界的游客前往环礁湖旁的Banyan Tree餐厅,在一艘长尾船上享受 当地锦囊 **日落泛舟晚餐**(Sunset dinner cruise,请提前预订)。拉贡路(Lagoon Road 🏠 通向拉古纳度假村的路)旁还有一排餐厅,其中不乏厨艺水平世界顶级的厨师。

当地锦囊 **凯驰海滩俱乐部**(Catch Beach Club)

紧靠着沙滩的时尚酒吧,带游泳池,环境雅致。菜单上既有西餐,也有辣的、重口味的泰国菜。白天店里放着舒缓的背景音乐,晚上DJ登台把气氛点燃,立刻就有了派对的感觉。您可以提前感受下,就知道所言非虚了:酒吧网站上实时播放店内摄像头拍摄的画面。🏠 202/88 Moo 2, Cherngtalay ⏰ 10:00至深夜 ¥ ¥¥ ☎ 06 53 48 20 17 @ www.catchbeachclub.com

当地锦囊 **手指餐厅**(Dedos)

法国厨神博古斯(Bocuse)的学生巴勃罗(Pablo)创造性地将地中海菜式与泰国、日本风味结合。鸭胸肉配酸甜口味的罗望子酱味道尤其棒。餐厅提供接送服务。🏠 Lagoon Rd. ⏰ 18:00以后 ¥ ¥¥¥ ☎ 0 76 32 51 82 @ www.dedos-restaurant.com

NOK & JO'S

这家具有乡村气息的餐厅位于班涛海滩南段通向苏林海滩(Surin Beach)的路旁,特色菜是红烧牛肉和泰式咖喱,此外还有多种面包和红酒。周三和周日举办"烤所有你想吃的食物(Barbecue all you can eat)活动"。吃完饭后想活动一下的话,可以打乒乓球和台球。⏰ 10:00至次日 1:00 ¥ ¥ ☎ 08 15 38 21 10

当地锦囊 **塔通卡餐厅**(Tatonka)

多亏了店主施瓦茨(Harold

西海岸

Schwarz）游历四方，才有了这份"大杂烩"菜单：比萨、北京烤鸭、刺身春卷。🏠 19 Lagoon Rd. 🕐 18:00以后 ¥ ¥¥ 📞 0 76 32 43 49

托托饭店（Toto Restaurant）

罗伯特茨（Robertoz）做出的帘蛤意面、乳酪馅饼和提拉米苏口味之地道，仿佛来到意大利。🏠 Lagoon Rd. 🕐 15:00以后 ¥ ¥¥~¥¥¥ 📞 0 76 27 14 30 @ www.totophuket.com

夏纳海滩俱乐部与阿提卡（Xana Beach Club With Attica）

非常有格调的酒吧和餐厅集合体，紧紧着海边，提供国际化菜品（周末有海鲜烧烤）和优质红酒。酒吧区有一个长达35米的泳池，夜幕降临后，DJ将气氛点燃。🏠 靠近 Angsana Laguna Resort 🕐 10:00—23:00 ¥ ¥¥ 📞 0 76 32 41 01 @ www.xanabeachclub.com

休闲/运动

拉古纳度假酒店提供水上运动、网球、高尔夫球和壁球多种运动项目。Quest Laguna Adventure（提前预约 📞 0 76 32 40 62）还有攀岩设施，可以在安全设备的保护下攀登岩壁。Dusit Laguna（@ www.lagunaphuket.com）出租自行车，开设烹饪课程。在Banyan Tree Phuket您可以学习蜡染画，还有冥想和太极课程。拉古纳酒店的各分店客人都可以享受以上项目内容。

夜生活

请加入欢乐的人群，在沙滩上伴着爵士乐摇摆——夏纳海滩俱乐部或者再往南一些的凯驰海滩俱乐部都有聚集的人群。他们从苏林海滩一路狂欢游行至此，吸引世界各地的游客加入其中。

必游景点

★ **帕南桑寺和金佛寺**
两座寺庙位于塔廊附近的高速公路边，壁画颜色丰富，金碧辉煌。→ P.39

★ **幻多奇主题乐园**
数百名演员倾情奉献的壮观表演，是想象力的巅峰之作。→ P.41

★ **观景点**
3个海滩仿佛碧玉盘中的珍珠呈现在眼前——位于卡塔海滩的这个观景点提供了俯瞰大海和沙滩的"上帝视角"。→ P.43

★ **特里妈妈的厨房餐厅**
美丽的花园餐厅以艺术品装饰店面，烹饪水平令人惊叹，游客可在这里欣赏海景。→ P.45

★ **特瑞萨拉酒店**
普吉岛最好的度假酒店之一，价格昂贵。酒店大量使用木头、大理石装饰，泳池众多，位于一片面积不大但是非常梦幻的海滩上，可以看海。→ P.46

★ **西蒙表演秀**
由音乐、舞蹈、戏剧构成的大型表演，50位变性人演员服装艳丽，为观众带来一场娱乐盛宴。→ P.56

普吉岛

住宿

Andaman Bang Tao Bay Resort
非常有品位的平层别墅，房间布置精致，紧靠海滩。带小游泳池。共有16个房间。🏠 82/9 Bang Tao Beach ¥ ¥¥¥ 📞 0 76 27 02 46 @ www.andamanbangtaobayresort.com

Bangtao Village Resort
整洁的平层别墅，绿化非常好，带小游泳池。所有房间都配有空调、电视机和冰箱。酒店位于一条安静的辅路上，走路10分钟即可到达海滩。共有28个房间。🏠 Srisoonthorn Rd. ¥ ¥¥¥ 📞 0 76 27 04 74 @ www.bangtaovillageresort.com

Banyan Tree Phuket
精致典雅的别墅群，花园面积广阔，部分别墅带有独立泳池，泳池长13米，宽9米，客人可以做到从床到泳池的无缝衔接。疗养中心设施一流，采用非药物手段帮助您缓解疲劳，例如桑拿、按摩、冥想、瑜伽、芳香疗法，还有设泳道的泳池。它是拉古纳度假酒店中当之无愧的第一名。共有150个房间。🏠 Bang Tao Beach ¥ ¥¥¥ 📞 0 76 32 43 74 @ www.banyantree.com/en/ap-thailand-phuket-resort

Best Western Premier Bangtao Beach Resort & SPA
别墅和房间内部装饰奢华，有通向沙滩的专门道路。两个泳池，两个餐厅，一个SPA中心，让游客充分舒缓身心，享受假期。共有243个房间。🏠 Choeng Rd. ¥ ¥¥¥ 📞 0 76 27 06 80 @ www.bangtaobeach.com

Dusit Laguna
酒店的左右两侧是环礁湖，前面是波光粼粼的大海。酒店位于一座热带花园里，环境幽静，让人感觉仿佛置身在孤岛上。建筑风格、内部装饰都极具泰国特色。共有254个房间。🏠 390 Srisoonthorn Rd. ¥ ¥¥¥ 📞 0 76 36 29 99 @ www.dusit.com

问询中心

更多关于拉古纳度假酒店的信息参见 @ www.lagunaphuket.com （📞 0 76 36 23 00），更多关于班涛海滩的信息参见 @ www.phuket.com/island/beaches_bangtao.htm。

周边景点

栲帕吊国家公园（Khao Phra Thaeo National Park）（折页 E5-7）
出发去热带雨林！您将在此发现真正原始的自然风貌。有3条未被硬化的徒步路线供游客探访这座国家公园，但是最好结伴而行。一定要准备好结实的鞋子和防蚊装备，为保险起见（可能会迷路），可以在国家公园办公室雇用向导。自行前往的话，也可以找到前往通赛瀑布（Tonsai Waterfall）的路。请一定不要错过长臂猿保育中心（Gibbon Rehabilitation Centre 🕐 每天9:00—16:00 ¥ 免费 @ www.gibbonproject.org），在其他地方不可能有如此近距离接触这些小动物的机会。¥ 国家公园门票200泰铢

西海岸

两女英雄纪念碑（Heroines Monument）和塔廊国家博物馆（Thalang National Museum）（折页E7-8）

班涛海滩往东12千米，4025公路与402高速公路交叉口的中间是两女英雄纪念碑。它是为了纪念两位机智、勇敢的女性——Chan和Muk姐妹而建，感谢她们1785年捍卫了普吉岛免遭缅甸军队的入侵。她们组织所有女性伪装成士兵，和真正的士兵一起组成一支浩大的军队，吓退了侵略者。

十字路口对面，4027公路右侧是塔廊国家博物馆。规模不大，但很精致，向游客介绍普吉岛历史。展品中除了史前考古发掘、日用品，还有手工艺术品和古老的武器。🕒 每天8:30—16:30　💰 门票100泰铢

帕南桑寺（Wat Phra Nang Sang）和金佛寺（Wat Phra Thong）★（折页D6）

塔廊402高速公路旁有两座寺庙值得一看。造型雅致的帕南桑寺（🚌 经过4030公路入口之后，往普吉镇方向行驶，距班涛海滩约6千米）是岛上最古老的寺庙，距今已有250多年的历史，当时塔廊还是普吉岛的首府。颜色富丽堂皇的壁画描绘了小岛的变迁和大城府（Ayutthaya）历史。金佛寺（🚌 行驶至标识机场方向的指示牌，并向右转）里有一尊被厚重的金箔和神秘的传说包裹的●大佛，佛像只有上半身露出地面。传说，所有

普吉岛最古老的寺庙帕南桑寺的壁画富丽堂皇

普吉岛

试图把佛像挖出来的人或者对佛像不敬的人都会受到惩罚。

卡马拉海滩

（Kamala Beach）（折页B-C 8-9）平坦的卡马拉海湾很晚才被游客发现。同名海滩面积广阔，一直延伸到内陆，今天那儿的生活依然平静安宁。但是乡村的田园风光吸引了越来越多的外国人，他们原本就在岛上居住，在这儿盖了很多壮观的房舍和别墅。

这里尽管已经为游客修建了完善的基础设施，但购物还是很不方便，夜生活也非常乏味。

童话般美妙：幻多奇主题乐园为观众呈现一场宏伟的表演

美食

沿着海滩路（Beach Road）有许多以海鲜见长的餐厅。人气总是很高的Charoen Seafood（¥¥¥），是度假酒店梦幻卡马拉（Kamala Dreams）的下属餐厅。主干道旁有一家Kamala Bakery（¥¥），游客可以在这里喝杯卡布奇诺，搭配蛋糕或者法棍口味更佳。

936 Coffee

有时候一杯好咖啡就足以带来幸福。每天都有客人为了追求幸福来到店里。除了咖啡还可以吃早餐，欣赏热闹的街景。🏠 3/6 Moo 3 🕐 每天8:30—22:00 ¥¥ ☎ 08 12 56 70 71

Greek Tavern

在泰国不一定顿顿吃泰国菜：索瓦兰吉（Souvlaki，希腊式汉堡）、希腊酸奶酱（Zaziki）……来这儿换换口味吧。🏠 71/20 Moo 3, Soi Kamala 10 🕐 10:30—22:00 ¥¥¥ ☎ 09 20 06 39 34

Grill Bill

想吃到好吃的木炭烧烤，来这儿一定会让你心满意足，这家店可能是整个岛上最好的烧烤店了。此外，这里做的鱼也非常地道，还有意面、汉堡和肉排供客人选择。🏠 86/16 Rim Haad Rd. 🕐 每天10:00以后，淡季18:00以后 ¥¥¥ ☎ 08 13 97 35 79

Kokosnuss

饭店老板托马斯来自德国纽伦堡，店里自然能吃到纽伦堡烤香肠。还供应多种其他口味的香肠和

西海岸

奶酪、新鲜面包——每周有5天晚上提供德式家常菜自助餐。🏠 Soi 7（沙滩路的一条支路）🕐 每天7:00—23:00 ￥ ￥~￥￥ 📞 08 15 38 52 85 @ www.phuketkokosnuss.com

购物

卡马拉中心市场（Kamala Center & Shopping）位于芭东来卡马拉的下路口处，每天都有集市开放。摊位众多，从手电筒、餐具到廉价衣服应有尽有。当然还有许多泰国小吃，逛累了可以补充体力。

夜生活

幻多奇主题乐园（FantaSea）★

普吉岛幻多奇主题乐园向3 000位观众呈现如童话般美妙的演出（但是令人痛心的是里面有大象和其他动物参演）。表演时长约75分钟，以令人惊叹的宏大场面展现泰国文化和历史。公园为观众提供接送服务，每人300泰铢，交通工具为小型巴士，全岛皆可接送。￥ 演出门票1 800泰铢，额外再付400泰铢可享用丰盛自助餐 📞 0 76 38 51 11 @ www.phuket-fantasea.com

住宿

主干道和沙滩之间有许多像Sabina Guesthouse（9个房间 🏠 卡马拉海滩 ￥ ￥ 📞 0 76 27 95 44 @ www.chezsabina-guesthouse.com）的家庭旅馆，老板人很热情。房间装修简单，配有电视机、冰箱和空调。

当地锦囊 ▶ Baan Chaba

舒适的平层别墅，房间里有空调，迷你酒吧里绿植很多，气氛温馨。距离沙滩只有几米远。共有8个房间。🏠 卡马拉海滩 ￥ ￥￥ 📞 0 76 27 91 58 @ www.baanchaba.com

The Club

酒店位于主干道旁，距离沙滩大约5分钟路程，性价比超级高。房间漂亮，有电视机、小厨房和空调，还有小泳池。共有22个房间。🏠 Main Rd. ￥ ￥~￥￥ 📞 0 76 38 59 01 @ www.the-club.phuket.ag

卡马拉海滩度假酒店（Kamala Beach Resort）

卡马拉最大的度假酒店，紧靠着海滩。房间非常舒适，有电视机和迷你酒吧，还有4个泳池。共有414个房间。🏠 卡马拉海滩 ￥ ￥￥￥ 📞 0 76 27 95 80 @ www.kamalabeach.com

当地锦囊 ▶ 帕帕蟹酒店（Papa Crab）

曾经的小旅馆被改造成了一家有格调的时尚酒店。无烟房间很有特色，屋内没有繁复的装饰，但是墙上有名言警句。距离沙滩只有2分钟路程。共有10个房间。🏠 Beach Rd. ￥ ￥￥ 📞 0 76 38 53 15 @ www.phuketpapacrab.com

卡伦海滩

（Karon Beach）（折页 C11-12）**海滩长达4千米，被灌木和林木覆盖，即使在旅游旺季也不会拥挤。**

几乎所有的酒店、商店和餐厅

普吉岛

都位于沙滩路的一侧,路上车不多。往北一些、位于卡伦环岛(Karon Circle)的卡伦中心(Karon Centre)附近形成了一个游客度假村。沿着沙滩路还有一些绿化带,长着棕榈树和茂密的灌木,它们使得卡伦海滩即使在旅游旺季也不会喧嚣和嘈杂。既不喜欢过分安静,也不喜欢过分喧闹的游客,来这儿就对了。

美食

卡伦海滩的南端、足球场附近和北端、十字路口附近的路边露天摊位上有性价比高的海鲜。

Old Siam Restaurant

您可以在露台上享受可口的泰国菜,例如地道的泰国北部"Kanthoke Dinner",吃饭时所有的人坐在地上,饭菜摆在低矮的桌上。周日20:15有传统泰国舞蹈表演。餐厅位于塔旺棕榈沙滩度假酒店(Thavorn Palm Beach Resort)内。每天供应午餐和晚餐。☎ 128/10 Karon Rd. ¥ ¥¥~¥¥¥ ☏ 0 76 39 60 90

On The Rock

它是Marina Cottage酒店的露天餐厅,气氛温馨,位于海边的一个岩石斜坡上。海鲜和泰国菜的口味跟周边的海景一样赞。每天供应午餐和晚餐。¥ ¥¥~¥¥¥ ☏ 0 76 33 06 25

休闲/运动

沙滩上可以租滑板、滑水、体验快艇降落伞,还有潜水学校。

夜生活

仅有几个酒吧半夜仍营业,比如北端的度假村酒吧和位于沙滩中部的酒吧。

住宿

In On The Beach

酒店是一栋2层楼建筑,中间是一个泳池,房间布置得很舒适。去海边只有几步路。共有46个房间。☎ 395-397 Moo 1 Patak Rd. ¥ ¥¥ ☏ 0 76 39 82 20 @ www.karon-inonthebeach.com

当地推荐 Karon Cafe Inn

舒适的小旅馆,做的饭菜很好吃。每个房间都配有电视机、冰箱和空调。距离沙滩仅150米。

乘坐长尾船登上卡塔海滩

西海岸

共有16个房间。🏠 Soi Islandia Park Resort ¥ ¥¥ 📞 0 76 39 62 17 @ www.karoncafe.com

Marina Phuket Resort

酒店位于卡伦海滩和卡塔海滩（Kata Beach）分界的岩峰上，是茂密的热带雨林掩映下的一幢幢木制平层别墅，装修奢华。带小泳池，有一条专门通向沙滩的小路。共有89个房间。🏠 47 Karon Rd. ¥ ¥¥¥ 📞 0 76 33 06 25 @ www.marinaphuket.com

Ramada Phuket Southsea

这家舒适酒店的加分项是它的大泳池。与海滩仅一条街之隔。共有152个房间。🏠 204 Karon Rd.，靠近卡伦环岛 ¥ ¥¥¥ 📞 0 76 37 08 88 @ www.ramadaphuketsouthsea.com

小卡塔海滩

（Kata Noi Beach）（折页C13）**小卡塔海滩距离大卡塔海滩约15分钟步行路程，位于小山后面。**

这个1千米长的海湾的沙滩像刚落下的雪一样洁白，景色比它的"大哥"大卡塔海滩似乎更胜一筹。

这儿也更安静。小卡塔海滩就像一座未经雕琢的浪漫剧场，面向大海，两翼是青翠的起伏山脉。狭长的卡塔坦尼海滩度假酒店（Katathani Phuket Beach Resort）是海滩上的主要酒店，它被棕榈树和黄麻环抱，有一条通向沙滩的专门道路。此外就只有几家小旅馆了，餐厅数量也不多且装修简单，还有几家小商店。

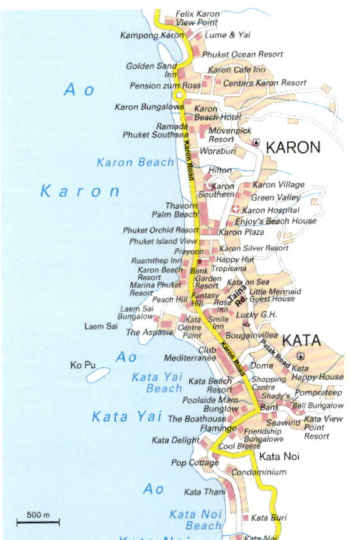

住宿

卡塔坦尼海滩度假酒店（Katathani Phuket Beach Resort）🌿

房间布置得非常雅致，有5个餐厅，可以品尝德国、意大利、巴西等多国特色菜品，还有5个泳池，以及网球场、健身中心、桑拿中心——这家酒店可以满足您所有的愿望。此外酒店非常重视环保：废水经过处理后用来灌溉绿植，使用有机肥料保护土地，厨房垃圾被转化为沼气，利用太阳能电池烧水。共有480个房间。🏠 14 Kata Noi Rd. ¥ ¥¥¥ 📞 0 76 33 01 24 @ www.katathani.com

周边景点

观景点 ★ ☼ （折页C13）

从高处俯瞰大海，将大、小卡塔海滩和卡伦海滩尽收眼底，镰刀形

今天该在哪个泳池里游泳呢

的海湾弧线优美，沙子洁白无瑕，三个海滩仿佛一串项链上的三颗珍珠。这处观景台的官方名称是卡伦观景台（Karon Viewpoint），因为地处卡伦县境内，大、小卡塔海滩也属于卡伦县。路边有停车场，海滩上可以买到小吃、饮料和纪念品。觉得太晒的话，有一个亭子供游客乘凉。🚌 从小卡塔海滩朝卡塔方向走，经过小山后右转，上4233公路［奈涵海滩（Nai Ham）方向］，2千米后即可抵达。

大卡塔海滩

（Kata Yai Beach）（折页C12-13）这个2千米长的镰刀形海湾拥有完美的沙滩和完美的水质。

近四分之三的海湾被度假酒店地中海俱乐部（Club Med）占据。但是经过度假酒店前的沙滩路之后，和大海之间就没有阻隔了。两个度假村分别位于地势较高和较低的两端，可以提供游客需要的一切。

从北边的度假村向右转，步行10分钟可以到达卡伦海滩；向左转，相同时间可以抵达大卡塔海滩。到处都很拥挤，旅游旺季的时候路上堵车严重。有许多小型度假酒店和旅馆，也有几家类似卡伦海滩上的全膳宿酒店。如果既不喜欢太过安静，又不想看到沙滩上到处是躺着晒太阳的人，那么来大卡塔海滩就对了。

美食

The Boathouse Wine & Grill

雅致但又不拘束，露台部分紧靠着沙滩。提供水平一流的泰国菜，以及毫不逊色的国际菜。地下室里整齐地摆放着各类红酒。🏠 Resort The Boathouse, 182 Khok Tanot Rd. 🕐 7:00—23:30 ¥ ¥¥¥ 📞 0 76 33 05 57

La Capannina

如果一家意大利餐厅里大多数客人是意大利人，如果他家的比萨

西海岸

被称为全岛最棒,如果十多年来是同样的店员在此工作,以保持菜品的高质量——您就可以相当确信,它代表行业最佳。🏠 98/84-85 Kata Rd. ⏰ 11:00—23:30 ¥ ¥¥ 📞 08 13 67 49 94 @ www.capannina.co.th

当地推荐 ▶ 卡塔山乡村酒店(Kampong Kata Hill)

卡塔海滩中部有一座小山,这家木头搭建的浪漫的泰国餐厅正是雄踞山顶之上。菜单上有牛排,但是更好的选择是鱼配辣酱。🏠 Kata Centre, Taina Rd. ⏰ 供应晚餐 ¥ ¥¥ 📞 0 76 33 01 03

特里妈妈的厨房餐厅(Mom Tri's Kitchen)★🌿

这座非同寻常的餐厅位于大、小卡塔海滩之间的一块岩石上,周边是一个壮观的花园。餐厅内部装饰有众多艺术品,是高档酒店特里妈妈的皇家别墅酒店(Mom Tri's Villa Royale)的所属餐厅,提供亚洲和地中海口味混合的创意菜。建议提前预订。🏠 3/2 Patak Rd. ⏰ 供应午餐和晚餐 ¥ ¥¥¥ 📞 0 76 33 35 68 @ www.momtriphuket.com

雷卡塔沙滩俱乐部(Re Ka Ta Beach-club)●

一家紧靠着沙滩的精致小店,可在此休闲至深夜。带泳池、SPA服务和沙滩躺椅,菜品清淡,还有鸡尾酒和多种咖啡可供选择。入场费1 000泰铢,涵盖小食和饮料。🏠 Koktanode Rd.(Resort Boathouse附近)⏰ 每天9:00—24:00 ¥ ¥¥¥ 📞 0 76 33 04 42

购物

您可以在此买到所有的日常用品,纪念品种类丰富,也有比基尼和沙滩服。好看的沙滩穿戴请来 当地推荐 ▶ 巴鲁时尚(Barü Fashion)🏠 Marina Beach Resort对面的,Beach Rd. @ www.barufashion.com)这里选购。

休闲/运动

沙滩边有各种水上运动项目供游客选择。沙滩北端有一块用浮标标记出来的礁石,非常适合潜水。特别是在雨季开始和结束的时候,会有很多冲浪爱好者在海上乘风破浪。您可以在Phuket Surf(@ www.phuketsurf.com)租借冲浪板和学习相关技巧。

夜生活

喜欢夜晚活动的游客,通向小卡塔海滩方向的路旁的卡塔中心(Kata Centre)有一个小酒吧。位于Soi Centara Karon的O'Tool's Irish Pub有新鲜酿造的啤酒,时而有现场音乐表演。沙滩南端的 当地推荐 Ska Bar(靠近Resort Boathouse)风格淳朴,连鲍勃·马利(Bob Marley)都在此流连忘返。

单身男性游客钟爱芭东酒吧街(Bangla Road)和卡伦广场(Karon Plaza)的酒吧,因为会有年轻的女孩朝他们喊"帅哥"。

住宿

Foto Hotel

充满设计感的酒店,位于内陆的

普吉岛

斜坡上（每天3次摆渡车往来酒店和海滩之间，免费乘坐）。房间宽敞舒适，海景房（Ocean Hall）体验更佳。🌿屋顶露台视野绝佳，有超级大的泳池和免费无线网络。共有79个房间。🏠 218/9 Koktanod Rd. ¥ ¥¥ 📞 0 76 68 09 00 @ www.fotohotelphuket.com

Kata Garden Resort

酒店位于卡塔和卡伦海滩之间的山上，被一座精致的花园包围，带游泳池，有平层别墅和普通房间两种选择，干净整洁，带空调和迷你酒吧。距海滩不到10分钟步行距离。共有63个房间。🏠 32 Karon Rd. ¥ ¥¥ ~ ¥¥¥ 📞 0 76 33 06 27 @ www.katagardenphuket.com

Orchidacea Resort 🌿

酒店外观呈梯田状，面朝大海，以轻奢的价格和极佳的视野著称。不想费力走到沙滩的客人，可以躺在泳池边晒太阳。共有149个房间。🏠 210 Khoktanod Rd. ¥ ¥¥ ~ ¥¥¥ 📞 0 76 28 40 83 @ www.orchidacearesort.com

Phuket Kata Resort

五星级酒店，房间布置很有格调，酒店中央是几个大泳池，部分房间有从阳台直接通向泳池的道路。距离沙滩300米。共有105个房间。🏠 30/9 Kata Rd. ¥ ¥¥ 📞 0 76 33 05 81 @ www.phuketkataresort.net

Sawasdee Village

这家浪漫的酒店多年来人气一直很高，中央是一个被绿植和装饰物环绕的泳池，极具泰国传统特色。有餐厅、SPA中心、烹饪课程。有40个园景房，可以看到花园景色；还有14幢别墅，有专用通道通向泳池。🏠 38 Katekwan Rd. ¥ ¥¥¥ 📞 0 76 33 09 79 @ www.phuketsawasdee.com

拉扬海滩

（Layan Beach）（折页C6）这片海滩位于奈通（Nai Thong）和班涛之间，腹地的小山上有许多高档公寓和别墅。

在林木葱茏的林颂海角（Laem Son Cape）上坐落着普吉岛独一无二的奢华酒店。

住宿

特瑞萨拉酒店（Trisara）⭐

这家高档酒店位于一片无名小沙滩之上，沙子细腻如绵白糖（退潮时会露出礁石）。39栋别墅零星地分布在70 000平方米的山坡绿地上。大量使用木头和大理石装饰，每个别墅都有独立泳池，可以享受绝美海景。🏠 60/1 Moo 6, Srisoonthorn Rd.Choeng Thale ¥ ¥¥¥ 📞 0 76 31 01 00 @ www.trisara.com

迈考海滩

（Mai Khao Beach）（折页C3）作为普吉岛北部最长的海滩（10千米），迈考海滩是开发最晚的一片海滩。

目前这里只有几家酒店，以后也肯定不会像其他海滩那样拥挤，因为海滩的绝大部分属于斯里纳斯国家海

西海岸

洋公园（Sirinat National Park）。这儿没有酒吧或者旅游纪念品商店。喜欢沿着漫长的沙滩安静地散步的游客一定会对这里一见钟情。

景点

当地锦囊 红树林热带雨林（Mangrove Jungle）（折页C1-2）

在沙滩的北端、斯里纳斯国家海洋公园的游客中心，您可以沿着一条木栈道穿行在红树林热带雨林中，幸运的话还能看到巨蜥蜴。游客中心的入口位于通向内陆（右侧）的老街旁，Sarasin桥前1千米处，这座桥目前已经不能通行了。每天8:30—16:30 门票免费 @ www.dnp.go.th（该网站可以查询所有泰国国家公园的信息）

美食

小购物中心海龟村（Turtle Village）位于安纳塔拉酒店度假村（Resort Anantara）旁，您可以在购物中心的Swensens吃冰激凌，在Bill Bentley Pub喝啤酒，在Coffee Club吃西餐和泰国菜。

购物

海龟村里有很多中高档品牌的专柜，例如Jim Thompson、Esprit、Tara Leather、Triumph和J&P Gems。

住宿

当地锦囊 迈考海滩小屋（Mai Khao Beach Bungalow）

这里是整个海滩上最便宜的度假酒店。房间布置得很简单，但是干净整洁，有空调或者风扇。餐厅做的泰国菜很好吃，还有一个以棕榈叶为屋顶的按摩中心。共有6个房间。靠近Holiday Inn ¥¥¥ 08 18 95 12 33 @ www.maikhaobeach.wordpress.com

万豪迈考海滩酒店（Marriott's MaiKhao Beach）

普吉岛最好的酒店之一。拥有岛上最大的SPA中心，提供花瓣浴、情侣套餐等众多服务项目。还有顶

花瓣浴：在迈考海滩的奢侈酒店享受精油按摩和花瓣浴

普吉岛

级餐厅、健身中心、网球场和3个泳池。这家酒店还致力于环保事业：设有海龟保护基地，为每年11月至次年2月在迈考海滩下蛋的海龟提供救助。共有265个房间。🏠 迈考海滩 ¥ ¥¥¥ 📞 0 76 33 80 00 @ www.marriott.com

当地精选 普吉岛万丽度假酒店及水疗中心（Renaissance Phuket Resort & Spa）

这家高档酒店里的一切都是顶级的，位于沙滩和一个人工湖之间。这里有泳池、SPA、健身中心、沙滩瑜伽课程，此外还有咖啡馆、酒吧和3家餐厅。孩子们可以在Kids Club尽情玩耍，有专人看护。共有180个房间。🏠 迈考海滩 ¥ ¥¥¥ 📞 0 76 36 39 99 @ www.renaissancephuket.com

当地精选 普吉岛萨拉酒店（Sala Phuket）

酒店非常时尚，装修风格简约大气。房型是高档别墅，有3个泳池和SPA中心。共有79个房间。🏠 迈考海滩 ¥ ¥¥¥ 📞 0 76 33 88 88 @ www.salahospitality.com

奈通海滩

（Nai Thon Beach）（折页B-C5）**水牛在细腻沙滩后面的草地上静静地吃草，奈通海滩从沉睡中醒来。**

沙滩路上已经建有几家小型度假酒店和一家大型酒店。此外还有几个餐厅和商店在静待顾客。但是奈通海滩仍然是普吉岛上最安静的海滩之一，因为它距离游客聚集区很远，一般没有游客选择来这儿一日游。

美食

沙滩旁边的几家小饭店提供简单的饭菜和饮料。想正经吃泰国菜可以去沙滩路旁的餐厅Tien Seng。

住宿

沙滩附近没有住宿的地方。从所有的酒店到达海边都需要经过一条人烟稀少的路。

The Angel Of Naithon

这家精致的酒店散发着浪漫的田园气息。木质的平层别墅舒适温馨，还有一栋中央是泳池的楼，宽敞的房间分布在泳池四周。即使您没有选择在这儿下榻，进来看一眼，便会为里面停放的老爷车惊叹。老板米由斯先生（Mr. Miyos）酷爱收藏甲壳虫系列车型，还喜欢和客人闲聊。共有10个房间。🏠 奈通海滩 ¥ ¥¥~¥¥¥ 📞 08 18 30 96 28 @ www.angelofnaithon.com

Naithonburi Beach Resort

这栋3层建筑曾经是奈通海滩最好的楼，现在改建成了酒店，中央是泳池。共有232个房间。🏠 奈通海滩 ¥ ¥¥¥ 📞 0 76 31 87 00 @ www.naithonburi.com

Pullmann Phuket Arcadia

这家设计现代、有格调的高档酒店紧靠着一个斜坡，一切都布置得让客人感到非常舒服，设施齐全，能够满足客人所有愿望。您会在多个餐厅和两个泳池中产生选择困难症。共有277个房间。🏠 海湾的北端 ¥ ¥¥¥ 📞 0 76 30 32 99 @ www.

西海岸

pullmannphuketarcadia.com

周边景点

当地精选 香蕉海滩（Hin Kruai）●（折页B6）

这片小海湾的泰语字面意思是"香蕉岩崖"——这也是"香蕉海滩"的名字来源。这里是一片未经开发的世外桃源，沙子洁白如雪，大海碧蓝无际。沙滩边有一家小饭店，可以买到小吃和饮料。即使在旅游旺季，这儿也是人迹罕至，甚至许多地图上都没有标记这片海滩，很多人因此与它遗憾地擦肩而过。当您开车从奈通海滩朝芭东海滩方向行驶时，大约1千米后，请留意一个被海风剥蚀的路牌，上面写着"Banana Beach（香蕉海滩）"。有一条小路会带您穿过茂密的树林，抵达海滩。

奈扬海滩

（Nai Yang Beach）（折页C4）这里有众多树叶呈长针状的木麻黄树，树林从海边一直延伸到橡胶树种植园，后面是热带雨林覆盖的小山，灌木林中不时会冒出野猪。

长约2千米的奈扬海滩特别适合一家人以及喜爱自然风光的游客前来游玩。从高空看，它与10千米长的迈考海滩几乎连在一起。只有几家酒店和公园管理部门下属的外观简朴的平层别墅紧挨着海滩。奈扬村里的几家旅馆到沙滩需要步行几分钟。沙滩前面的珊瑚礁像天然保护墙，它们和奈扬海滩平坦的海湾一起，让游客在季风季节也可以安全地游泳。

糯米做成的"卡路里炸弹"

景点

斯里纳斯国家海洋公园（Sirinat National Park）

按照官方说法，整个奈扬海滩都属于斯里纳斯国家海洋公园，许多明信片上也将其称为"奈扬国家公园（Nai Yang National Park）"。海滩的北部至今未被开发。

公园管理处的小博物馆向游客介绍当地动物资源，例如贝壳、珊瑚和昆虫。小博物馆（🕐 每天8:30—12:00，13:00—16:30 ¥ 门票免费）对外免费开放，但是外国游客进公园参观的话需要交200泰铢，开车进去需要额外再交30泰铢。@ www.dnp.go.th

普吉岛

美食

奈扬海滩以其茂密的树荫成为当地人喜爱的野餐目的地。附近有许多小饭店和露天餐厅。

当地精ణ 铆钉烧烤餐厅（Rivet Grill）

餐厅属于The Slate酒店，为了周日的早午餐，人们不惜从小岛最南端驱车北上，一路爬坡，来一品美味。寿司、牛排、意面、牡蛎、面包、奶酪和蛋糕应有尽有。费用为每人2 050泰铢（含软饮），2 550泰铢（含红酒），4 050泰铢（含香槟）。7岁以下儿童免费，7~14岁儿童半价。🕐 餐厅每天供应晚餐，周日12:00—15:30供应早午餐（建议提前预订）💰 ¥¥~¥¥¥ 📞 0 76 32 70 06

休闲/运动

普吉岛风筝冲浪学校（Phuket Kite School）

您可以从5月到10月底在这儿学习如何借助一只风筝在水上滑行。3小时的初级课程费用为3 500泰铢。🏠 Beach Rd. 📞 08 00 77 75 94 @ www.kiteschoolphuket.com

学校在剩余时间里会迁至查龙湾（Ao Chalong），因为那时候那儿的风向更加合适。

住宿

Dang Sea Beach Bungalow

酒店位于沙滩中央、木麻黄树下，房型为平层别墅。装饰简约但很整洁，配有空调、电视、冰箱。周围有许多小餐馆。共有10个房间。🏠 奈扬海滩 💰 ¥¥ 📞 0 76 32 83 62

Seapines Villa Liberg

这个温馨的小酒店位于沙滩和村庄之间，周围建有院墙，自成一方天地。普通房间按泰国传统风格装饰得很漂亮。还有3座独栋小房子，适合一家人住。共有16个房间。🏠 11 Moo 5，The Slate酒店后面 💰 ¥ 📞 08 18 14 48 83

The Slate

这家顶级酒店走的是后现代主义的设计风格，让人联想起岛上锡矿开采的那段历史。设有SPA中心、3个泳池、2个网球场、4个餐厅。喜欢浪漫情调的客人，可以选择沙滩晚餐。此外，这里还有瑜伽课、普拉提课、泰拳课供客人选择。共有290个房间。🏠 奈扬海滩 💰 ¥¥¥ 📞 0 76 32 70 06 @ www.theslatephuket.com

潘西海滩

（Pansea Beach）（折页B7-8）**这片小海湾与班涛海滩之间隔着一座被林木覆盖的岩石，沙滩后面紧靠着山坡，像两翼拥抱着海湾。**

潘西海滩自成一片天地。Amanpuri和The Surin两个高档酒店俯瞰着大海，为客人提供舒适享受。

美食

潘西海滩的高档酒店的餐厅提供味道极佳，但价格极贵的菜肴。想找实惠的当地餐厅需要往苏林海滩的内陆走。路程不远，不到10分钟就能抵达。

西海岸

Amanpuri沙滩酒店的气氛得到众多国际名人好评

住宿

Amanpuri

这里的房屋是泰国传统风格的平层别墅。酒店多年未跌出世界顶级酒店名单。以罗伯特·德尼罗（Robert de Niro）为代表的众多名人选择在此处下榻也验证了这点。您也可以在此留宿——前提是您做好了支付每晚人民币6 200元住宿费的心理准备。共有40个房间。 118 Srisoonthorn Rd. ¥¥¥ 0 76 32 43 33 @ www.aman.com/resorts/amanpuri

The Surin

人气很高的酒店，服务一流。设施非常漂亮，位于一座植被茂密的山坡上，需要爬一段阶梯才可到达。木瓦屋顶的高档平层别墅以灰白复古色调静待客人光临。酒店没有隔壁Amanpuri那么奢华，但是价格也明显亲民了许多（一晚上住宿费大约人民币2 300元起）。八角形的泳池贴了黑色瓷砖，非常引人注目。共有103个房间。 118 Srisoonthorn Rd. ¥ ¥¥¥ 0 76 62 15 80 @ www.thesurinphuket.com

芭东海滩

（Patong Beach）（折页 C10）
20世纪70年代环游世界的背包客在竹屋里过夜的地方，如今建有鳞次栉比的酒店。20世纪80年代芭东海滩还是牧童放牛的地方，今天已经是一片繁荣。

芭东海滩是许多游客梦想中的度假胜地，它就像一个巨大的游乐场。无论您想找酒吧、服装店还是烤肠，这儿应有尽有。3千米长的沙滩上，躺着不计其数晒太阳的人。

在这个游客云集的中心之地，游客大军横扫商店、裁缝店、路边小

普吉岛

吃摊和餐厅。动感的音乐从数百家酒吧里飘出,成群的姑娘小伙在等待共度夜晚或者共度余生的人。芭东海滩夜生活丰富,水手们经常来此放松。事实上,偶尔也有美国海军军舰在此停靠。

普吉岛的顶级酒店没有在芭东海滩开设分店。近几年来,芭东海滩的住宿体验有所改善。风格各异的俱乐部让夜生活的选择更加丰富,不少高档餐厅和服装品牌也已入驻芭东海滩。

美食

这里美食选择非常多。无论是泰国菜还是其他国家的特色菜,无论是实惠小吃还是精致珍馐——芭东海滩可以满足各种不同口味和预算。性价比最高、常常口味也最佳的是路边小饭馆。傍晚时分,许多 海滩秘密 ▶ 流动餐车会聚集在沙滩中间。

Baan Rim Pa ☘

芭东海滩历史最悠久的顶级餐厅,位于沙滩北端,人气一直很旺。客人在高雅的钢琴曲中享用泰国皇家菜品,厨师不仅使用最新鲜的食材,摆盘也非常有艺术美感,一顿饭是味觉和视觉的双重盛宴。每天供应午餐和晚餐。🏠 223 Kalim Beach Rd. ¥ ¥¥~¥¥¥ ☎ 0 76 34 07 89 @ www.baanrimpa.com

Joe's Downstairs ●

从主干道沿着台阶下来,就能看到一座位于大海之上的纯白色的餐厅,这里是观看落日的雅致场所。客人既可以品尝波托贝洛汉堡(Portobello-Burger),也可以品尝大螯虾配杧果等各种菜品。每天供应午餐和晚餐。🏠 223/3 Kalim Beach Rd., Baan Rim Pa附近 ¥ ¥¥¥ ☎ 0 76 34 42 54 @ www.joesphuket.com

芭东海滩上,一位厨师刚把海鲜放入锅中,立刻升起一团火焰

西海岸

The 9th Floor

菜单上有瑞士香肠沙拉、牛排、泰式虾汤和意式烩饭。如此狂野的混搭会让一些食客产生"踩雷"之感。但是这家店的确值得一去，9楼的露天餐厅视野绝佳。47 Rat Uthit Rd. Sky Inn Condotel 每天18:00—24:00 ¥¥~¥¥¥ 0 76 34 43

普吉岛

11 @ www.the9thfloor.com

当地锦囊 帕姆饭店（Pum Restaurant）

提供诸如炒面、咖喱饭等泰国传统家常菜，食材新鲜。想看泰国厨房内部的客人可以在这儿大饱眼福：厨师的工作间是对外开放的。在●帕姆烹饪学校（Pum's Cooking School）您可以亲自掌勺，烹饪咖喱饭。🏠 204/32 Rat Uthit Rd., Christine Massage 旁边 🕐 每天11:00—21:00 ¥ ¥ ☎ 0 76 34 62 69 @ www.pumthaifoodchain.com

Sala Bua

客人可以在这儿吃到以鸭肉馄饨为代表的颠覆常识的创意菜，或者以绿咖喱配童子鸡为代表的泰国传统菜。餐厅位于沙滩旁边的Impiana酒店里。🏠 41 Taweewong Rd. 🕐 每天12:00以后 ¥ ¥¥¥ ☎ 0 76 34 01 38

购物

商店、路边摊、流动小贩像海边的沙子一样多，但是除了千篇一律的旅游纪念品和劣质的仿造货，游客很难买到满意的东西。岛上最大的购物中心●江西冷（Jungceylon）🏠 Rat Uthit Rd. @ www.jungceylon.com）里面的店铺超过300家。在 当地锦囊 OTOP天堂购物中心（OTOP Shopping Paradise 🏠 Rat Uthit Rd., Hard Rock Cafe对面）您可以找到酒吧、小吃摊，还能买到泰国南部各地生产的漂亮手工艺品。

休闲/运动

芭东海滩为运动达人和极限运动爱好者提供了丰富多彩的选择。

当地锦囊 丛林飞跃（Flying Hanuman）

在令人眩晕的高度，顺着绳索，从热带雨林中间呼啸而过——这已经是这项特色项目中足够令人难忘的经历了。勇敢的小孩子也可以尝试。不用担心，当地向导充分考虑了安全因素。虽然项目起点位于热带雨林深处，相当偏僻，但组织方会提供接送服务。🏠 89/16 Moo 6, Soi Namtok Kathu 🕐 每天8:00—17:00 ☎ 0 76 32 32 64 @ www.flyinghanuman.com

---

省钱有道

不想在住宿上花太多钱的游客，可以在不计其数的小酒店里选一家，一晚上600泰铢即可，例如卡伦海滩的Seabreeze Inn（共有13个房间 🏠 526/23-24 Patak Rd. ☎ 0 76 39 69 31）。

Fantasy Hill Bungalow位于卡塔海滩中间，环境清幽，距海滩只有10分钟。每晚1 200泰铢的房间带空调和电视机，每晚650泰铢的房间有电风扇。共有34个房间。🏠 8/1 Karon Rd., 卡塔海滩 ☎ 0 76 33 01 06 @ www.sites.google.com/site/fantasyhillbungalow

几泰铢就可以在芭东海滩吃到一顿家常菜，从酒吧街Heroes Bar附近转进一条狭窄巷子里便能找到这样的餐厅。

西海岸

芭东高速卡丁车（Patong Go-Kart Speedway）

您的内心是否有对速度的渴望？轮胎与地面强烈摩擦产生的气味是否让您心跳加速？那么来开几圈高速卡丁车吧。通向普吉镇的路边有许多卡丁车供客人租用。🕐 每天10:00—22:00 📞 0 76 32 19 49 @ www.gokartthailand.com

Sf Strike Bowl

这儿的保龄球项目非常有趣，是下雨天的完美选择。🏠 江西冷购物中心3楼 🕐 每天10:00—22:00 📞 0 76 60 03 34

水上运动与潜水

只是坐船在海上随波逐流、欣赏海景，就足够美好了，但是想要体验更多精彩的话，芭东海滩可以满足您的需求。您可以挑战降落伞滑水或者骑着水上电单车感受风驰电掣，还可以参加香蕉船游览和探索海底世界的潜水项目。许多潜水基地每天提供潜水课程和游玩项目。请去Santana Diving Shop（🏠 74/26 Soi Banzaan 🕐 每天10:00—12:00，16:00—22:00 📞 0 76 60 88 44 @ www.santanaphuket.com）咨询详细信息。

夜生活

夜生活的中心是 ● 芭东酒吧街以及它周围的小巷子。在Soi Seadragon，Soi Tiger和Soi Freedom小巷，酒吧鳞次栉比，等待客人上门。这些娱乐旋涡旁边也有比较大型的俱乐部，其中有的非常高档，里面的DJ有世界级水准。

Illuzion Club & Disco

这里DJ的音乐品位非常好，还有拉斯维加斯表演，因此常常座无

风中的乐趣：借助降落伞在芭东海滩之上翱翔

普吉岛

虚席。🏠 31 Bangla Rd. 🕐 22:00至次日4:00 💴 门票根据当天的活动而定,每天价格不等 📞 0 76 68 30 30 @ www.illuzionphuket.com

当地榜霉 莫莉·马龙之家(Molly Malone's)

您是男性吗?您是否想找个身边没有酒吧女郎围着恭维你长得帅的地方,安静地喝杯啤酒?这家爱尔兰酒吧可以满足您的愿望。酒水质量上乘,晚上酒吧的摇滚乐队会登台献艺。🏠 94/1 Thawiwong Rd. 🕐 10:00至次日2:00 📞 07 62 92 77 12

Seduction Nightclub

芭东海滩最大的迪斯科舞厅位于这座5层夜店的2楼,可容纳最多3 000人同时狂欢,这里的DJ非常受欢迎。🏠 酒吧街最东端 🕐 22:00至次日4:00 💴 门票根据当天的活动而定,每天价格不等 📞 0 76 34 31 73 @ www.seductiondisco.com

西蒙表演秀(Simon Cabaret)★

变性人表演诞生于1991年,每年都有新的表演人员向观众展示他们定制的华服和傲人的身材。每天晚上3场演出。🏠 8 Sirirat Rd. 🕐 18:00、19:30和21:00 💴 门票800～1 000泰铢 📞 0 76 34 20 14 @ www.phuketsimoncabaret.com

芭东拳击场(Patong Boxing Stadium)

这儿铁拳飞舞——在拳击场您可以观看到真正的拳击比赛。职业运动员们对抗、攻击,场面非常激烈。软弱的人将一无所获!🏠 Sainamyen Rd. 🕐 周一、周四和周日,21:00以后 💴 门票1 300～1 800泰铢 @ www.boxingstadiumpatong.com

住宿

只有几家酒店紧靠着沙滩。请时刻提醒自己,穿着沙滩裤和比基尼横穿马路去沙滩有违当地风俗。

当地榜霉 Baipho

这家精致酒店隐匿于一条小巷子里,从通往Montana Grand酒店的主干道上转进去。瑞士时尚摄影师Rudi Horber全程参与了酒店设计——从间接照明系统到墙上的艺术品。房间内配有空调、迷你吧和DVD,可以使用Montana Grand酒店的泳池。距离海滩10分钟路程。共有19个房间。🏠 205/12-13 Rat Uthit Rd. 💴 ¥¥ 📞 0 76 29 20 74 @ www.baipho.com

Boomerang Inn

房间装饰简单,干净整洁,配有空调、迷你吧和电视机。酒店为3层建筑,中央是个小泳池。距离海滩5分钟路程。共有61个房间。🏠 5/1-8 Hat Patong Rd., Patong Beach Rd. 💴 ¥～¥¥ 📞 0 76 34 21 82 @ www.boomeranginn.com

Duangjitt Resort

酒店主体和平层别墅分散在一个占地广阔的公园里,位于安静的芭东海滩南端。3个泳池和1个SPA中心帮助客人舒缓身心。距离海滩3分钟路程。共有508个房间。🏠 18 Phachanukhork Rd. 💴 ¥¥¥ 📞 0 76 34 07 78 @ www.duangjittresort-spa.com

西海岸

色彩的盛宴：西蒙表演秀

Orchid Residence
适合全家入住，房间里配有空调、电视、DVD和冰箱。距离海滩7分钟路程。共有16个房间。🏠 171 Soi Sansabai ¥ ¥~¥¥ ☎ 0 76 34 51 76 @ www.orchid-residence.de

Royal Phawadee Village
这座极具魅力的酒店仿佛一座林木茂密的热带花园。它是一座具有泰国北部风格的木屋。房间配有阳台、空调和电视。泳池被棕榈树环绕着。距离海滩5分钟路程。共有36个房间。🏠 3 Sawatdirak Rd. ¥ ¥¥¥ ☎ 0 76 34 46 22 @ www.royal-phawadee-village.com

Tropica
穿过主干道就是海滩，转弯就是酒吧街——这家酒店位于芭东中心位置，有一座生机盎然的花园，宛若一片绿洲。酒店主体是一栋2层小楼，此外还有平层别墅，分布在泳池周围。所有房间都装有空调，带冰箱和电视。共有86个房间。🏠 132 Thaweewong Rd., Soi Bangla转角 ¥ ¥¥¥ ☎ 0 76 34 02 04 @ www.tropica-bungalow.de

周边景点

自由海滩（Freedom Beach）（折页B11）
芭东海滩南端有一座浮动码头，停靠着许多长尾船。游客可以乘坐小船绕过一个岩石海岬，来到风景如画的自由海滩，单程需要30分钟（包括等待时间，来回船费大约1 200泰铢，门票100泰铢）。海滩上没有酒店，但是有一家简易餐厅。与芭东海滩相比，这里比较安静，令人感到舒适。水质非常好，适合潜水。沙子细腻光滑。路上还会经过游人更少，但是同样美丽的天堂海滩（Paradise

普吉岛

自由海滩：细腻的沙滩，美丽的风景

Beach），其也被称为钻石海滩（Diamond Beach）。

苏林海滩

（Surin Beach）（折页 C8）500米长的苏林海滩完成了从水牛放牧地到奢华沙滩的蜕变。

苏林海滩后面的山坡上，过去和现在都散落着一座座别墅。购物中心位于主干道旁，里面的高档品牌店在等候着财力雄厚的顾客。但是这儿也有价格实惠的酒店和一如既往的宁静。

美食

紧靠着沙滩的地方已经没有餐厅了，但是只需往陆地走几百米，就别有一番天地了——无论您是想吃得丰盛些还是随便些。

Blue Lagoon

这家简朴的家庭小饭馆提供味道正宗的泰国菜，主要是海鲜。请选一张靠近主干道的桌子——看着路上的车水马龙会在心理上减少有时候略微有些长的等菜时间。🏠 4025 Choeng Thalay 🕐 每天8:00—23:00 ¥ ¥ 📞 08 79 23 82 35

The 9th Glass Wine Bar & Bistro

非常讲究的一家餐厅：世界各地出产的160种顶级红酒供您选择，和红酒最搭的是塔帕斯（指正餐之前作为前菜食用的各种小吃），口味之地道令世界名厨都赞不绝口。主菜推荐沙朗牛排和令人叫绝的鲑鱼。建议提前预约。🏠 106/16 Moo 3，Surin Beach Rd. 🕐 周一至周六 16:00—24:00 ¥ ¥¥～¥¥¥ 📞 06 20 68 00 68 @ www.the9thglass.com

Surin Chill House

这家小餐厅提供简单泰国菜，也有国际化菜品，但是味道略为逊色。整体不错，价格实惠。🏠 107/3 Moo 3，Surin Beach Rd. 🕐 每天 8:30—23:00 ¥ ¥～¥¥ 📞 0 76 63 62

西海岸

54 @ www.tastesurinbeach.com

购物

位于主干道旁的Plaza Surin是一家高档购物中心，当地别墅主人们喜欢在里面买家具、艺术品、古董。Soul of Asia——岛上最好的古董店之一——在里面有专柜。此外还有质量上乘的服装和旅游纪念品。几步之遥的Central Wine Cellar里面卖德国红酒。旁边的C Bakery里有牛角面包等各式面包。

休闲/运动

当地锦囊 德苏林健康水疗中心（De Surin Health SPA）

您体验过竹条按摩吗？店面位于Plaza Surin购物中心的2楼，面积不大，但环境很雅致。保证让您感到从内到外的放松！ ⏰ 每天10:00-22:00 📞 09 50 93 22 88 @ www.desurin.com

住宿

Benyada Lodge

酒店精致时尚。房间配有空调、电视机和迷你吧台。屋顶露台设有酒吧和太阳椅。距海滩2分钟路程。共有29个房间。🏠 苏林海滩 ¥ ¥¥ 📞 0 76 27 12 61 @ www.benyadalodge-phuket.com

Surin Bay Inn

适合一家人住，只需步行3分钟便可抵达海滩。当您站在房间的阳台上时，整个海湾尽收眼底。房间干净整洁，配有空调、电视、冰箱。结合苏林海滩整体住宿费用偏高的实际，这家酒店算是性价比非常高了。共有12个房间。🏠 苏林海滩 ¥ ¥¥ 📞 0 76 27 16 01

Surin Sweet Hotel

房间很大，干净整洁，有空调、阳台、冰箱、电视。带游泳池。餐厅供应泰国菜还有意大利菜。经理马可就是意大利人——客人在品尝到正宗的比萨时会意识到这一点。共有30个房间。🏠 苏林海滩 ¥ ¥¥ 📞 0 76 27 08 63 @ www.surinsweethotel.com

Twin Palms

装修风格统一的顶级酒店。房间装饰奢华，部分带有独立泳池。提供攀牙湾一日游项目，乘坐酒店自有的豪华游艇。共有76个房间。🏠 苏林海滩 ¥ ¥¥¥ 📞 0 76 31 65 00 @ www.twinpalms-phuket.com

周边景点

林赛海滩（Laem Singh）（折页C8）

在狮子角（Lion Cape 🚌 苏林海滩往南沿着芭东海滩方向行驶1.5千米），马路下面是堪称普吉岛风景最美的海湾。仿佛置身塞舌尔群岛的岩石，小溪从翠绿的小山脚下流淌。欣赏美景也需要付出代价——这儿总是人声鼎沸。因为距离芭东海滩不远，许多摩托艇会在这片海域纵横驰骋。目前这里还没有建造酒店，但是有几家餐厅。停车场在海滩上方，马路旁边。

南海岸和东海岸

虽然普吉岛的首府位于东海岸，但是中心之外的区域并没有因为旅游业而改变很多。正是因此，在普吉岛生活的外国人喜欢在东海岸居住。

这里的海滩大多泥泞且布满石砾。海滩边缘围绕着红树林和螃蟹养殖场。但是在普吉岛港口的南边，自攀瓦岬开始，乐于发现的游客在查龙湾还是能找到一些可以接受的海滩。这里还有一大片原始的腹地。最南边有一片极好的海滩和两处绝美的海湾。

查龙湾

（Ao Chalong）（折页E-F12）查龙湾的海湾是备受世界各地游艇喜爱的停泊地点，它们在这里寻求保护，躲避季风风暴。

渔民把捕获的鱼运上岸，山羊在后面的椰子种植园里吃草。从位于友谊海滩（Friendship Beach/Mittrapab）和林卡海滩（Laem Ka Beach）的港口向南几千米后海滩才变得干净，然而退潮时在这儿游泳仍然是被禁止的。这里有几条路通向水边和度假村。您还可以乘船去位于上游的海岛。如果您想寻找宁静，又有汽车或者摩托车，一定会在这里感到怡然自得。

景点

普吉大佛（Big Buddha） ★ ☀

这项工程只用捐款修建，虽然没有完全完工，但是这个位于400米

上图：查龙寺

> 这里只有少数游客，因此有更多自然的景观，还有平常的村庄生活和雄伟壮丽的日落。

高的山上的45米巨大佛像还是令人震撼。从所有方向望去景色都美不胜收。🏠 在查龙湾后面，紧挨通往机场的主路，岔路处有标识 🕐 每天6:00—19:00 ¥ 免费入内 @ www.phuket-bigbuddha.com

查龙寺（Wat Chalong）★●

从查龙村的交通环岛向北3千米，在向机场方向的环行路边，普吉岛最大的佛教寺庙的红屋顶金碧辉煌。每年在中国农历新年时这儿都会举办大型集市，那些在这实现了愿望的游客，全年都可以燃放烟花以表示感谢。¥ 免费入内

美食

迪克斯灯塔酒吧餐厅（Dickies Lighthouse Restaurant and Bar）

饥肠辘辘想吃汉堡的水手的最爱。🏠 查龙码头左侧 🕐 10:00开始营业 ¥ ¥¥ @ www.dickieslighthouse.com

Kang Eang

在傍晚，当灯火倒映在水面上时，这里尤其美丽。🏠 码头旁边 🕐 11:00

普吉岛

奥森海滩的住宿原始又浪漫，非常乡村风

开始营业 ¥ ¥¥~¥¥¥ 📞 0 76 38 12 12 @ www.kaneang-pier.com

当地精选▶帕莱海鲜饭馆（Palai Seafood）

这座海鲜饭馆位于普吉动物园背后1千米的海滩上。在这个只有少数游客光顾的小饭馆里，您能品尝到美味的饭菜。🕐 10:00开始营业 ¥ ¥¥~¥¥¥ 📞 0 76 28 21 74

休闲/运动

在查龙村的边缘，通往卡塔海滩的街上，您能找到很多娱乐项目（🕐 全部项目每天9:00—18:00）。在普吉岛靶场（Phuket Shooting Range）您可以打靶或者射击飞碟。在彩球射击的项目中，玩家们可以用带颜料的子弹（并不危害健康）相互射击。

住宿

友谊海滩度假村（Friendship Beach Resort）

这个历史悠久的普吉岛度假村位于查龙海滩和拉威海滩之间，很受长期住客的欢迎。单间、公寓和平房都方便舒适。另外还有海边的泳池和好的瑜伽项目。共有40个房间。🏠 友谊海滩 ¥ ¥¥¥ 📞 0 76 28 89 96 @ www.friendshipbeach.com

Shanti Lodge

这个家族管理、经营良好的旅馆位于一个安静的小巷里。旅馆配有海水游泳池、餐厅、空调以及电风扇。共有14个房间。🏠 Choafa Nok Rd., Soi Bangrae，查龙村 ¥ ¥ 📞 0 76 28 02 33 @ www.shantilodge.com

奥森海滩

（Ao Sane Beach）（折页C14）从游艇俱乐部下方的奈涵沙滩出发，有条穿过山丘的先向上再向下的街。这个 当地精选▶既狂野又浪漫的石砾沙滩就位于街的尽头。

在这儿，您能在两片小沙滩上找到一个自己的小世界。退潮时分珊瑚还会从水中显露出来。但儿童可能会因此受伤，所以这儿并不适合儿童游玩。这儿的一切都很自然。有两个度假村共同享受着这片天堂。

南海岸和东海岸

休闲/运动

普吉岛唯一紧挨沙滩的潜水点由Armin和他的团队经营，位于奥森旅店（Ao Sane Bungalows）旁边。您还可以步行去浅礁尝试潜水。@ www.arminsdiveteam.com

住宿

Baan Krating Phuket Resort

这个宽敞的用木头或混凝土建成的度假村位于阔叶树林下，度假村配备有空调系统、电视和迷你吧台，还有个小泳池。隔壁奥森旅店餐厅里的食物更美味划算。共有65个房间。🏠 奥森海滩 ¥ ¥¥¥ ☎ 0 76 28 82 64 @ www.baankrating.com

攀瓦岬

（Laem Phan Wa）（折页F12）东海岸最美的沙滩在这个岬角上一个葱绿小山丘脚下，被棕榈树环绕着。

这里度假村的客人可以独享这片海湾。由于绝佳的位置，即便在季风季节也很少有高的海浪。对于想要安静、追求安逸，又想靠近城市的旅行者，这里是不错的选择。

景点

普吉岛水族馆（Phuket Aquarium）
★●

您在普吉岛的海滨浮潜时还可以探索水下世界的小生物，但是观赏不到"大块头"。如果您想尽可能近距离地观察鲨鱼或者蝠鲼，那就来普吉岛水族馆吧！从霓虹灯般斑斓的小鱼到有刺有毒的狮子鱼，在这里您可以尽情欣赏普吉岛水下多样的生物。🏠 Sakdidet Street ⏰ 8:30—16:00 ¥ 门票100泰铢 @ www.phuketaquarium.org

美食

Panwa House

魔法般的白房子看起来像是锡业巨头的别墅，各种泰国菜可被直接端到沙滩上，您可以边晒太阳边享受美食。🏠 Cape Panwa Hotel ⏰ 周二至周日晚餐 ¥ ¥¥~¥¥¥ ☎ 0 76 39 11 23

住宿

Cape Panwa Hotel

酒店大楼内的客房和山坡上

必游景点

★ **普吉大佛**
这座泰国最大的佛像屹立在山峰上。→ P.60

★ **查龙寺**
普吉岛最大的佛教寺庙在新年时就变为庆祝场所。→ P.61

★ **普吉岛水族馆**
与鲨鱼或珊瑚鱼"四目相对"。→ P.63

★ **奈涵海滩**
梦幻的热带海滩。→ P.64

★ **神仙半岛**
观赏日落的好地点。→ P.65

普吉岛

的6间简易别墅均配备了各种休闲设施，您可以在游泳池和网球场放松身心。酒店甚至还设有一小段缆车，通向下面的海滩。共有246个房间。🏠 Sakdidet Rd., Cape Panwa ¥ ¥¥¥ 📞 0 76 39 11 23 @ www.capepanwa.com

奈涵海滩

（Nai Harn Beach）（折页C14）蓝色的大海，被绿色山坡围绕的宽阔沙滩，在后面还有一个潟湖——难怪普吉岛的旅游业刚开始发展时，嬉皮士和背包客们都被★奈涵海滩吸引。

现在，嬉皮士和他们的棚屋已经消失，然而奈涵海滩也没变成"露天市场"。这里只有两个度假村，还有一些纪念品商店和露天酒吧。大多数游客是来这儿享受自己的一日游的，因为这里的沙滩一点也不拥挤。在旺季时，许多帆船游艇在这里停泊。

饮食

奈涵酒店的两家餐厅（均仅提供晚餐 ¥ ¥¥¥ 📞 0 76 38 02 00）供应顶级美食。几个简单的露天餐馆位于海滩入口处和海滩长廊后面。在 当地锦囊▶ 一勺糖咖啡馆（A Spoonful of Sugar 🕐 周二至周日 8:00—19:00 ¥ ¥）,您能品尝到美味的小蛋糕和上好的咖啡。这是一家迷人的复古时尚的咖啡馆，位于大街Saiyuan Road上，与Herbal Sauna相对。在它前面约300米的同一侧街边，一家德国面包店（Franke German 🕐 每天7:30—17:30 ¥ ¥）供应新鲜出炉的面包和美味的香肠。旁边的 当地锦囊▶ 普吉岛素食餐厅（Phuket Vegan 🏠 31/48 Moo 1 📞 08 48 37 44 29 ¥ ¥¥）对于养生爱好者来说是一个很棒的餐厅，这里会提供各种富有创意的菜肴。

休闲/运动

海滩后面的湖泊周围有 当地锦囊▶ 2千米长的步道，是普吉岛最美丽的慢

一种多用途的树

对于多数中国游客来说，椰子树是远方和热带的象征。但对于泰国人来说，椰子树是树中之王。不仅因为它有巨大的果实，还因为果实里面像水一样清澈的椰汁。椰子树为人们提供的远不止于此，比如干椰子肉可以被加工成油，用于烹饪和制作肥皂；在坚硬的内壳中人们可以提取乳胶状的汁液；干燥的椰子外壳可以用来生炉火；椰子树笔直的树干可以被锯成木板；羽毛状的棕榈叶可以编织成屋顶，这样的屋顶能经得住至少几年的最强的季风暴雨。

这种多用途的树最棒的一点在于，它们对环境要求不高，既能生长在潮湿的草地，也能生长在炎热的沙滩上。

南海岸和东海岸

神仙半岛的岩石岬角：受欢迎的绝美日落的观赏点

跑路线。在步道向Promthep海角分岔时，过往的汽车和摩托车都会按喇叭向中国神庙致敬。

住宿

All Seasons

度假村不在海滩边上，但是它距离海滩边的街道仅有几步之遥。度假村有舒适的客房，两个游泳池，还有桑拿。共有154个房间。🏠 奈涵海滩 ￥￥￥ 📞 0 76 28 93 27 @ www.allseasons-naiharn-phuket.com

奈涵酒店（The Nai Harn）★🌿

曾经的普吉岛皇家游艇俱乐部（Royal Phuket Yacht Club）是岛上第一家五星级酒店。每间客房均设有可欣赏海湾美景的露台。游泳池很小，但离海滩不远。即使您不住在那里，也可以在 🌿倒影酒吧（Reflections Bar）享用佳酿，同时享受海湾的美景。在17:30—18:30的欢乐时段，有两种日落饮品可享受"买一赠一"的优惠。共有130个房间。🏠 23/3 Moo 1, Vises Rd. ￥￥￥ 📞 0 76 38 02 00 @ www.thenaiharn.com

周边景点

神仙半岛（Laem Promthep）★🌿
（折页 C14）

在岛的最南端，攀瓦岬绝美的日落吸引了众多的游客。

从岬角眺望，您可以欣赏到大海、奈涵湾的壮丽景色。编辑锦囊▶您还可以在🌿攀岩石岬角饭店（Promthep Cape Restaurant）的花园酒吧品尝普吉岛天堂鸡尾酒（每天开放 ￥￥ 📞 0 76 28 86 56）。菜品质量尚可，但

普吉岛

不是很特别。您还可以预订一张俯瞰大海的桌子！在岬角上也有小饭馆和饮料摊位。为了纪念国王,人们还在这里建造了一座●灯塔(🕐每天10:00—18:00免入场券),灯塔内部配有空调,您可以在这儿看到航海图、船模和六分仪。在从曼岛(Ko Man)海滩到神仙半岛岬角的路上(走通向风车的岔路)的 当地锦囊 ☀神仙半岛可再生能源站(Promthep Alternative Energy Station)观景平台,您会欣赏到如画的海湾景色——深蓝色的大海,袖珍的雅努伊海滩(Ya Nui Beach)和它前面的曼岛。

拉威海滩

(Rawai Beach)(折页 D14)
拉威海滩从未成为旅游海滩,因为退潮时海水回撤很远,导致这儿的水太浑浊。只有海参在这里会觉得很舒服。

此外,这儿的海滩非常受长期度假者和泰国人的欢迎。在拉威,时间仿佛静止了,在长长的海滩上,人们可以在木麻黄树下的许多大排档上吃得又好又便宜。人们还建造了一条木板人行道(几乎没有人在这儿跑步),海滩上的饭馆不得不退进"Pakbang食品中心"(Pakbang Food Center)里。此外,还有一条四车道的柏油路从中间穿过此处。村庄的特点几乎被彻底摧毁了。●海滩上的长尾船可供游览离岸岛屿。

美食

Baan Had Rawai

在拉威海滩的南端您可以在露天餐厅品尝泰式菜肴和海鲜。这里的许多客人是泰国人。🕐每天开

拉威海滩的鱼市有从海里新鲜捕捞上来的鱼

南海岸和东海岸

放 ¥~¥¥ 📞 0 76 38 38 38

Flin Ts One Bakery

这家面包店的小面包和小蛋糕特别好吃，此外这里还供应加香肠和奶酪的三明治以及优质咖啡。🕐 每天开放 🏠 在海滩路汇入通往普吉镇道路处 ¥ ¥ 📞 0 76 28 92 10

夜生活

Nikita Bar和Freedom Bar这两个酒吧是受少数游客和当地常住外国人欢迎的酒吧。

住宿

Thai Palace Resort

这个可爱的小度假村的客房和别墅围绕在两个游泳池周围。花园里到处是绿色，附近还有不错的餐馆。共有58个房间。🏠 52/8 Moo 6 Viset Rd. ¥ ¥¥ 📞 0 76 28 80 42 @ www.thaipalace-phuket.com

雅努伊海滩

（Ya Nui Beach）（折页 C14）
风景如画的小海滩位于奈涵海滩和神仙半岛之间的山谷中。即使在旺季，一日游的旅客数量也不多。

住宿

Naiya Beach Bungalows

这个简单的平房（带有风扇）位于一个安静的、妥当维护的院落里的一棵老树下，向山上步行5分钟即可到达。所有客房均设有阳台，宽敞而干净。餐厅提供早餐和小吃。共有20个房间。🏠 99 Soi Ya Nui Viset Rd. 🕐 11月至次年4月开放 ¥ ¥ 📞 0 76 28 88 17 @ www.naiyabeachbungalow.com

省钱有道

位于奥森海滩的奥森旅店（Ao Sane Bungalows ¥ 300泰铢，带淋浴）及其竹子棚屋是嬉皮士时代的遗留物。即便是带风扇的平房也不到1 000泰铢。这儿有潜水中心和顶级美食，因此有许多常客造访。共有23个房间。🏠 Ao Sane 📞 0 76 28 83 06

30泰铢的早餐：您可以在附近一个无名的餐厅吃到"Kanom Chin"，一种咖喱酱米粉，还配有生的腌制蔬菜。注意：这里没人说英语！🏠 从奈涵出来后，左转进入西苑路（Sai Yuan Rd.），约150米后右转，在迪迪美发厅（Didis Hairsalon）的对面 🕐 每天7:00—11:00

岩石之上酒店（On The Rock）提供17间带风扇或空调的客房。酒店位于奈涵酒店度假村的后面，距离奈涵海滩仅有2分钟步行路程。¥ 800~1 200泰铢 📞 08 69 52 08 19

普吉镇

普吉镇

（Phuket Town）（折页 E-F10-11）虽然普吉镇是这个府级地位岛屿的首府，但它却不像一般首府那样现代化。

当其他许多地方的旧木制房屋早就不得不让位于混凝土建筑时，许多所谓的中葡风格的建筑物仍保留在普吉镇的中心——普吉老镇。在此期间，人们还费大力气翻新了这里大部分的建筑，这些建筑为这个有7万居民的繁华城市增添了魅力。

当然，现代化和旅游业还是在这儿留下了它们的印记。但是，那些白天花几小时离开海滩并来到这座城市的游客往往会忽略这样一个事实：普吉老镇只存在于一条水平的街道上，在那些没有特色的新建筑和纪念品商店旁边。如果您花点力气，去角落看看，您会发现很多细节，这些细节组成了一个可爱的整体。

景点

中国神庙（Jui Tui Temple）★●（折页 a3-4）

这个位于拉廊路（Ranong Road）与Soi Phu Thon角落的中国道教神庙是供奉素食神Kiu Wong的，素食节（Vegetarier Festival）的许多仪式

上图：普吉镇

古老的中葡风格别墅，众多的餐馆、民俗景点和小商店——普吉镇应有尽有。

都在这里进行。隔壁观音堂（Kwan Im Teng，通常称为Put Jaw）同为道教神庙，在它的屋顶上有立起来的龙。这座神庙供奉的是观音菩萨。凭借其超过200多年的历史，它成为普吉岛最古老的中国神庙。¥ 免费入场

普吉老镇（Old Phuket Town）★●
（折页b3）

与泰国其他城市一样，普吉镇拥有古老的殖民风格建筑。中葡建筑风格是由来自邻国马来西亚的华人移

从这里出发
环形交叉路口（折页 b3-4）：曼谷路（Bangkok Road），拉廊路（Ranong Road），唐人街（Yaowaraj Road）和拉萨达路（Rasada Road）在这个中央环形交叉路口交会。这里有公共巴士和海滩接送服务。向左走能到市场，向北走能到老城区的中间区域，向右走能到达商业区。

普吉岛

泰华博物馆里的老照片：中国移民深深影响了普吉岛

民带来的。环岛北部中心市场旁边的老城遍布着灰泥装饰的房屋。楼下被用来做生意，一家人住在楼上。尤其是塔廊路（Thalang Road），若您沿着这条路漫步，您将了解这座城市的建筑历史。在罗曼尼小巷（Soi Rommani）您可以看到成功修复的旧砖石建筑。沿着罗曼尼小巷前行您会看到锡业巨头的有代表性的别墅。过了别墅您能看见有超过100年历史的"Phra Pitak Chinpracha Mansion"府邸。经过大规模修复后，现在府邸里设有蓝象餐厅。

朗格山（Rang Hill）★⚶（折页 a1-2）

位于普吉镇西北边缘的山区泰语名为Khao Rang。虽然山只有139米高，但从这里可以看到整个城市的美丽景色。这里还是许多猴子的栖身之所。如果沿着通往山顶的慢跑步道攀登对您来说太累，那您可以在Tung-Ka咖啡厅里品尝些美味的泰国美食。¥¥ ☏ 0 76 21 15 00 🚌 通过Kho Simbi或Soi Wachira进入

三圣庙（Sam San Temple）（折页a3）

罗曼尼小巷上的这座华人庙宇里供奉的是天上圣母妈祖，她是掌管海上航运的女神，水手和渔民的守护神。庙宇的大门上有华丽的雕塑和汉字，色彩鲜艳，在蓝天的映衬下非常适合拍照。¥ 入场免费

泰华博物馆（Thaihua Museum）●（折页 b3）

普吉岛最古老的中国学校建于1934年，现已改建为博物馆。在这里，您可以找到许多历史照片以及和这座城市有关的泰国与中国历史信息。中葡风格的建筑也值得一看。🏠 28 Krabi Rd. 🕐 周四至周日 11:00—17:00 ¥ 入场券200泰铢

特丽爱博物馆（Trickeye Museum）●（折页 c3）

如果您觉得拍一张自己在平底

普吉镇

锅里的照片很搞笑，或者想要与小便池上的绿巨人一起拍照，那您一定会在这个滑稽的房子里乐开花。留些时间"合成"图片。别忘了带相机！🏠 130/1 Phang Nga Rd. 🕘 9:00—21:00 💴 入场券500泰铢

诗里寺（Wat Sirey）（折页 G10）

离开市中心向东行驶在 Sri Suthat 路上，你全然不会意识到自己是在诗里岛（Ko Sirey）的一座水坝桥上开车。狭窄的 Tha Jeen 运河把它和主岛分开。佛教寺庙诗里寺就位于一座景色优美的岩石山上。寺庙内还有一尊长10米的卧佛。

美食

Anna's（折页 b4）

历史墙背后的雅致餐厅。这里的西餐一般，但泰国菜很正宗。🏠 13 Rasada Rd.，靠近环形交叉路口 🕘 每天19:00—24:00 💴 ¥~¥¥ 📞 0 76 21 05 33

蓝象餐厅（Blue Elephant）★（折页 b3）

这是一家在欧洲和亚洲拥有盛名的连锁泰国餐厅。蓝象餐厅坐落在普吉岛老城区的一座拥有100多年历史的豪宅中。这里供应用精致原料制作的泰国皇家料理。在内部烹饪学校，您甚至可以自己生炉子或尝试用瓜雕刻一件艺术品。🏠 96 Krabi Rd. 🕘 11:30—22:30 💴 ¥¥¥ 📞 0 76 35 43 55 @ www.blueelephant.com/phuket

Le Cafe（折页 b4）

这家小酒馆风格的咖啡厅供应西式和泰式菜肴。🏠 64/5 Rasada Centre, Rasada Rd. 🕘 从10:00开始 💴 ¥

中国旅馆餐厅（China Inn）（折页 b3）

这是一座位于精心修复的中葡风格别墅内充满魅力的餐厅。这儿的泰国菜正宗且精致。🏠 20 Thalang Rd. 🕘 周一至周六 💴 ¥~¥¥ 📞 0 76 35 62 39

闽南汤面餐馆（Hokkien Noodle Soup）（折页 b3）

每天这家简单的餐馆都以不到人民币8元的价格供应传统中式汤面。🏠 市场附近的环形交叉路口处 💴 ¥

Ka Jok See（折页 b4）

在这栋狭窄但舒适的、拥有古色古香装饰的历史悠久的别墅里，您可以享受物美价廉的泰国美食。在晚上，当歌手演唱、餐厅老板雷克先生

必游景点

★ **中国神庙**
这里供奉着中国的神仙雕像。→P.68

★ **普吉老镇**
这里坐落着橡胶业巨头和制锡业巨头的别墅。→P.69

★ **朗格山**
从这里眺望，整座城都在您脚下。→P.70

★ **蓝象餐厅**
这里的泰国料理就像餐厅所处的古老别墅一样无比精致。→P.71

普吉岛

跳起探戈舞时，客人们也会站在椅子上拍手喝彩，或者和他们一起跳舞。🏠 26 Takua Pa Rd. 🕐 周二至周六，供应晚餐 ¥ ¥¥ 📞 0 76 21 79 03

Raya Thai Cuisine（折页 b3）

这是一家位于街道旁边的老别墅里的泰国餐厅。各式咖喱和罗望子酱炸鱼都不错。在路边还有一家更现代点的分店，在晚上特别受当地人欢迎。🏠 48/1 Dibuk Street 🕐 每天 10:30—22:00 ¥ ¥¥ 📞 0 76 21 81 55

Thung Ka Café（折页 b3）

如果您正在攀登普吉岛考朗山的路上，您可以在山顶上享用一杯咖啡提神，或者从丰富的菜单中选择一些食物。景色很棒。🏠 考朗山 🕐 10:30—23:00 ¥ ¥ 📞 0 76 21 15 00

购物

在普吉镇中心，沿着拉廊路、拉萨达路、唐人街、Montri和Tilok Uthit 1 Road等购物街，一家家商铺鳞次栉比。拥有市中心最大超市的百货商店是位于海洋购物中心（Ocean Shopping Mall）背后的Tilok Uthit 1路上的鲁滨孙购物商场。岛上的第二大购物中心是普吉中心百货商场，位于通往芭东道路上的城郊。在晚上，很多泰国人拥向Ong Sim Phai路上的夜市，主要因为那儿有很多大排档。在立着龙雕像的小公园对面是Limelight购物中心，在这儿您不仅能找到很多小商店，还可以在美食广场里找到好吃又便宜的泰国美食——购物之前先喝碗汤，如何？

Ban Boran Textiles（折页 b3）

这里出售丝质的和羊毛材质的精致服饰和布料。🏠 51 Yaowarat Rd. 🕐 周一至周六 10:30—18:30

Gems Gallery Phuket（折页 E10）

这家历史悠久的珠宝零售商在曼谷、芭堤雅和清迈拥有3家店铺，是世界上最大的珠宝商之一。店内有大量高品质的产品并提供专业咨询。您还可以参观一下车间。🏠 99/35, 888 Moo 5 Chaloemphrakiat Rama 9 Rd. 🕐 9:00—18:00 @ www.gems-gallery.com

Naka Weekend Market（折页 E11）

当市场在周末开放时，泰国人和

省钱有道

塔旺宾馆（Thavorn Hotel ¥ 带风扇的房间为250泰铢，带空调的房间为750泰铢）客房有点旧，但宽敞（临街客房较吵）。怀旧风格的大堂一部分是一个 🟢 博物馆，里面有普吉镇的老照片。🏠 74 Rasada Rd.，共有200个房间。📞 0 76 21 13 33

价格合理的美味泰式家常菜：难怪Mee Ton Poe餐厅中午时几乎座无虚席。1946年以来，餐厅除了其特色菜——福建面条外，还供应其他米饭和面条。🏠 在钟楼对面的环形交叉路口处 🕐 8:00—20:00 ¥ 60~150泰铢

普吉镇

市场摊位上到处都是异国情调的水果和蔬菜

游客都会拥到这儿来，人们为了多种多样的商品、低廉的价格和无数小餐馆里的美食蜂拥而至。无论您是寻找T恤、凉鞋还是宠物，都能在这里有所收获。即使您不需要任何东西，也请享受喧嚣，让自己"随波逐流"。
🏠 拉威方向4022路，普吉中心百货商场向南约1千米处 🕐 周六、周日 16:00—21:00

最老的中药店（Oldest Herbs Shop）（折页 b3）

这是一家传统的中国药房，于1917年由现在的所有者维旺先生（Wiwan）的祖父开设。像从前一样，这些药草有神奇的治疗效果。您只需描述身体的不适，大夫就会配出合适您的药剂，不含任何化学制剂。🏠 16 Thalang Rd.

Southwind Books（折页 b3）

您不会在岛上找到比这家书店书籍和杂志种类更多的书店了。在这里您可以浏览数小时。所有书籍都是二手书，并且有多种语言版本。🏠 3 Phang Nga Rd.

Think Positive（Kit Dee）（折页 b3）

这个店里色彩缤纷的艺术品非常吸引游客：从开司米羊绒挂毯、来自缅甸的木制佛头到中国的兵马俑仿制品。🏠 15 Yaowarat Rd. 🕐 每天 9:00—21:00

武阿艺术馆（Wua Art Gallery）（折页 c3）

艺术家曾先生（Zen）喜欢简约风格的绘画，更喜欢与游客谈论它。他把自己的画廊打造成了一件艺术品。🏠 50 Phang Nga Rd. 🕐 每天 10:00—22:00

夜生活

虽然大多数游客都在海滩酒吧里流连忘返，但当地人往往更喜欢城市里的夜店、酒吧、咖啡馆和卡

普吉岛

运用手和脚的格斗运动：泰拳是一项全民运动

拉OK俱乐部。泰国人会和久居当地的"老外"在这里碰面，比如乡村风格的Timber Hut Pub酒吧（🏠 118/1 Yaowaraj Rd.）。除了周日，每天21:00开始都有一个摇滚乐队在这里驻唱暖场。在Rockin Angels酒吧（🏠 54 Yaowaraj Rd.，塔廊路的岔路前一点点 🕐 20:00至次日1:00），歌手帕特里克和他的朋友们一起"摇滚"。久居当地的外国游客常在酒吧Michaels Bar（🏠 Takua Pa Rd. 🕐 17:00—次日1:00 @ www.phuket-town.com/michaels）巨大的屏幕前或台球桌边见面。年轻人和时髦的泰国人喜欢去迪斯科舞厅Kor Tor Mor（🏠 41/5 Chana Charoen Rd.，靠近鲁滨孙商场 🕐 20:00至次日2:00），这里的现场乐队和热爱嘻哈音乐的DJ会负责音乐。

您可以在海洋购物中心旁的好几个多功能天堂电影院（Paradise Multiplex 🏠 Tilok Uthit Rd.）观看英语电影。每周五20:00起在普吉路南端的拳击体育场（Saphan Hin）都有泰拳表演，在市中心外约2千米。

住宿

在性价比方面，这里的住宿远远好于海滩上的住宿。因为岛上没有特别长的路，所以城里的住宿可以作为另一种选择。您可以仔细看看不同的海滩上的住宿。

Crystal Inn（折页 c4）

现代化的城市旅店，海滩上同样设施的酒店价格至少是这儿的两倍。所有客房均配有空调、电视和迷你酒吧。旅店位置靠近市中心。共有54个房间。🏠 Montri Rd.，2/1-10 Soi Surin ¥ ¥ 🕻 0 76 25 67 89 @ www.phuketcrystalinn.com

The Memory at On On Hotel（折页 b3）

位于市中心的20世纪20年代的房子本身就是普吉镇历史的一部分。这里最受欢迎的酒店是莱昂纳多·迪卡普里奥主演的电影《海滩》的拍摄地。经过彻底翻新后，酒店提供不错的双人间及大卧室里的宿舍床。

普吉镇

共有49个房间。🏠 19 Phang Nga Rd. ¥ ¥ 📞 0 76 22 57 40 @ www.thememoryhotel.com

Pearl Hotel（折页c4）

这家当地的头号旅馆已经上了年纪，但仍设施齐全，有一个虽小但非常漂亮的游泳池，晚间在咖啡厅还有现场音乐表演。旅馆里还有一家出色的中餐馆。旅馆位置靠近中心。共有250个房间。🏠 42 Montri Rd. ¥ ¥¥ 📞 0 76 36 37 00 @ www.pearlhotel.co.th

Royal Phuket City（折页d4）

这个城市最好的酒店之一，性价比很高。有健身中心、游泳池、桑拿房、水疗中心。甜食爱好者能在酒店里的 当地推荐 Bistro 154餐厅吃到普吉岛最好的小蛋糕！共有251个房间。🏠 154 Phang Nga., 公交站对面 ¥ ¥¥～¥¥¥ 📞 0 76 23 33 33 @ www.royalphuketcity.com

Thalang Guesthouse（折页b3）

宾馆坐落在一栋拥有70多年历史的别墅内。温馨的客房配有空调或风扇。☀ 顶楼的两间客房设有阳台，您还可以观赏街景。老板非常乐于助人。共有12个房间。🏠 37 Thalang ¥ ¥¥～¥¥¥ 📞 0 76 21 42 25 @ www.thalangguesthouse.com

问询中心

泰国政府旅游局（Tourism Authority of Thailand）（折页c3）

您可以在此处获得酒店列表、行车时间表和旅游信息册，也可以从私人提供商处获得。🏠 191 Thalang Rd. 📞 0 76 21 10 36

周边景点

环礁湖（Boat Lagoon）（折页F8）

在环礁湖码头——普吉岛最古老的码头，您可以购买或包租游艇（🏠 Thepkasattri Rd., 普吉镇以北机场方向约10千米）。餐馆、酒吧和咖啡馆都等着客人光临。Le Winch 小餐厅（🕐 周一11:00—14:30；周二至周六11:00—14:30, 18:00—22:00 ¥ ¥¥～¥¥¥ 📞 08 48 42 82 28）供应一流的法国美食，还有糕点店提供精致的糕点和美味的夹心巧克力。

普吉岛锡矿博物馆（Phuket Tin Mining Museum）● （折页E9）

从前普吉岛就已是一个繁荣的岛屿。那时的财富——锡矿——在地下。这个被绿树掩映的博物馆位于普吉镇以北7千米处的乡村，博物馆里的展品清楚地描绘了锡的开采历史。甚至一个完整的隧道也得到重建。此外，您还将了解普吉岛一切和锡矿有关的故事。中葡风格的建筑也值得一看。🏠 在从高速公路到英国国际学校（British Internatioanal School）的支路上（环路402路进入高速公路后不久，在学校以西约1.5千米处）🕐 周一至周六9:00—16:00 ¥ 入场券100泰铢 📞 0 76 32 21 40

普吉岛周边小岛

就像蓝色天鹅绒上的祖母绿一样，普吉岛的周边有许多岛屿。有些岛屿有粉状的白色沙滩，有些则只有奇异的石灰岩悬崖。

攀牙湾

（Phang Nga Bay）（折页G-H1-2）普吉岛东北部的★攀牙湾上点缀着石灰岩岛屿和岩石。在一些岛屿上有钟乳石洞穴，只有在退潮时才能乘独木舟或长尾船进入。

1974年，影片《有金马驹的男人》中的一幕就是在这里拍摄的。达铺岛（Ko Tapu）也被称为"钉子岛"，因为它像一根从海底伸展出来的钉子一样。

班儿岛（Ko Pannyi）经常被错误地认为是"海上的吉卜赛岛"。事实上，这些在巨大的岩石山脚下、树立在浅海上的房屋里居住的是穆斯林家庭。位于村庄边缘的餐厅是前往攀牙湾的旅游团必经之地。任何一个旅行社都有这个项目，您可以乘坐巴士从普吉岛前往攀牙湾的塔丹（Tha Dan）码头。游船在那儿等候，载着游客穿过海湾。

从普吉岛北部出发，预计需要大约50分钟到这里。您也可以从普吉岛出发乘船游览。前往攀牙湾的船从奥波湾（Ao Po）码头出发（¥长

上图：皮皮岛

> 就像图画书里的景色——茂密的丛林和糖粉般的沙滩、奇异的岩石和碧绿的海水。

尾船的日租约为4 000泰铢,能乘坐6人)。乘坐帆船June Bahtra游览非常浪漫（ ¥ 一日游约为3 700泰铢,日落游约为2 500泰铢),可以通过旅行社或在 @ www.asianoasis.com/junebahtracruise.html上预订。

陡峭的岩石矗立于水面上,在冉冉升起的太阳的晨光中和下午的温和光线中的海湾呈现最美的景色。如果您喜欢自己游览,则可以在塔丹码头边临水且舒适的攀牙湾度假村（Nga Bay Resort,88间客房 🏠 20 Tha Dan Rd. ¥ ¥¥ 📞 0 76 41 20 67) 过夜,然后在码头上租一艘长尾船。日租价约为4 500泰铢,可以乘坐8人。

龙岛

（Ko Lonel）虽然离查龙码头只有15分钟的距离,但这个只有少数渔民和橡胶采集者生活的、多山的

普吉岛

泰国最受欢迎的明信片图案之一:从观景点俯瞰大皮皮岛

丛林岛,是寻求平静的旅行者的绿色天堂。

住宿

Cruiser Island Resort

度假村迷人的简易别墅内配有空调、电视、游泳池和网球场。这里的管理以环保为导向,重视珊瑚的回收和保护。预订办公室位于拉威(🏠 Soi Sermsuk, Viset Rd. ¥ ¥¥¥ ☎ 0 76 38 32 10 @ www.cruiserislandresort.com)。

皮皮岛

(Ko Phi Phi)(折页 G-H13-14)如果有一份世界上最美岛屿的排名,★皮皮岛很有可能会名列前茅。该岛是海中的绿色山脉,拥有引人注目的岩层和梦幻般的海滩,周围环绕着一些全球最好的潜水点。但天堂也有它的阴暗面。岛上海滩Ban Laem Trong的每一寸都已被过度开发。成千上万的一日游游客从普吉岛、甲米岛和兰塔岛乘渡船来到这里,摩肩接踵地穿过岛中央。

从下午起,岛上的游客才能重新独享皮皮岛——他们中有很多是喜欢聚会的年轻人。@ www.phi-phi.com; www.phiphihotels.info; www.phiphi.phuket.com

景点

观景点 (折页 H14)

在通赛村(Tonsai Village)后面,沿着一条陡峭但已被拓宽的路,向山上行走约半小时就能到达观景点。在上面,您可以享受冰镇饮料,并观赏美景。这里的景色是泰国最受欢迎的明信片图案之一。如果您不想走同样的路,则可以沿一条非常陡峭的土路穿过森林,在大约20分钟内到达 因提湾(Ran-Ti Bay)。那儿有几间简易平房,长尾船能带你回村里。猴子海滩(Monkey Beach)也值

普吉岛周边小岛

得一游——不仅仅是因为那些毛茸茸的家伙（正因为它们，海滩才有了这个名字），还因为这里是 岛屿 锦囊▶浮潜的好地方。

美食

村里的许多餐厅供应泰式菜肴、海鲜以及各国美食。热门餐厅是 Le Grand Bleu（¥ ¥¥）。Aroy Kaffeine餐厅里有不错的咖啡、美味的香蕉薄饼等，还可以免费欣赏海湾美景。

休闲/运动

这儿有十几个潜水中心。这压低了价格并给喜欢潜水的朋友提供了很好的选择。

夜生活

身处在几个乡村风格的酒吧和户外酒吧中，村庄里的夜晚可能会变得很长。Carlitos酒吧是热门选择，但夜猫子们也喜欢在Hippies酒吧聚会并欣赏焰火表演。

住宿

在旺季——特别是在年初，宾馆里会变得非常拥挤，请您抓紧时间提前预订。请记住：岛屿上大多数人满为患的宾馆性价比都不太高。

The Beacha Club（折页H14）

这个有两栋房子的现代酒店就位于沙滩上。宽敞的屋顶露台上的景色甚好。离水边只有几步之遥，离派对地点也不远。共有42个房间。☎ 09 37 79 20 10 ¥ ¥¥ @ www.thebeachaclub.com

必游景点

★ **攀牙湾**
石灰岩山脉耸立出海面。
→P.76

★ **皮皮岛**
成熟的电影拍摄地点："双子岛"有一种好莱坞的感觉。→P.78

★ **皇帝岛**
带有奶油色沙滩的海中的丛林山脉。→P.81

★ **斯米兰岛**
世界顶级潜水地点之一，水下拥有五彩缤纷的自然奇观。→P.81

★ **小长岛**
犀鸟飞翔的地方——一个可以放松身心的绿色岛屿。
→P.82

普吉岛

美丽的小皮皮岛玛雅湾

Phi Phi Island Village Beach Resort
（折页 H13）

这个布置精美的简易别墅地理位置极好，位于一个风景优美的海湾上，并拥有度假村私有的沙滩。在这个海湾中，有如此绝佳地理位置的度假村仅此一家——而且这儿还远离岛上村子里的派对和游人的喧嚣。共有156个房间。¥ ¥¥～¥¥¥ ☏ 0 75 62 89 00 @ www.phiphiislandvillage.com

周边景点

提供午餐和浮潜设备的乘船游览项目的价格都是固定的。长尾船的租金也是固定的。您能在码头上找到信息板和价目表。

国旅佛香▶竹子岛（Ko Mai Pai）（折页 j5）

一日游的游客很少踏足竹子岛。因为这个平坦又迷你的岛屿更适合时间充裕的游客。这里的水和沙滩如同上好的奶油一般。

小皮皮岛（Ko Phi Phi Le）（折页 j6）

这座无人居住的小岛是大皮皮岛（Ko Phi Phi Don）的姐妹岛。它像是从深蓝色大海中升起的岩石城堡一般。在这儿值得一看的是维京洞穴（Viking Cave）。洞穴里让人想起维京船只的岩画可能是这个名字的来源。洞里悬挂在天花板上的竹竿绝对是真的。大胆的燕窝采集人紧紧抓在竹竿上，只为了采集金丝燕唾液制成的燕窝。但因为参观人数过多，所以洞穴只能从外面观看。

Phi Le Bay是一个有着碧绿海水的梦幻般的岩石海湾。玛雅湾的景色还更胜一筹。高达200米的石灰石墙升出水面，形成一个令人惊叹的天然体育场。莱昂纳多·迪卡普里奥的电影《海滩》就是在这里拍摄的。工作

普吉岛周边小岛

人员在海滩巡逻，向每个外国人收取200泰铢的国家公园门票费。早晨或下午晚些时候是这儿最安静的时间！

皇帝岛

（Ko Raya Yai）（折页g6）★
这个拥有雪白沙滩的绿色多山的岛屿由几个渔民家庭、海滩酒吧和8个度假村共享。尽管有一日游游客，但这里还是比较安静的。

如果您想静一下，只需步行15分钟到达岛的另一端即可。每个旅行社都有皇帝岛的旅游项目。快艇每天早晨从查龙码头出发，40分钟就能抵达这儿。每艘快艇最多可搭载20名乘客（¥往返约1500泰铢）。

住宿

Bungalow Raya Resort
这座位于山坡上的带有淋浴和风扇的简易别墅（仅供电至午夜）度假村风景非常不错。还有什么比在自己的阳台上欣赏海景更好的呢？度假村设有1间优质餐厅，直接通向海边。有20间客房。¥ ¥¥ 076 35 20 87 @ www.bungalowraya.com

The Racha
这个梦幻般的位于美丽的白沙滩上的别墅度假村践行着生态哲学。修建度假村时人们尽可能少砍伐树木。此外，每砍伐一棵树木都会有两棵新树木被种下。只要有可能，棕榈树就能越过屋顶生长。度假村产生的垃圾也会尽可能地回收，海滩每天也会被清洁。但是，度假村的客人必须与一日游游客分享这片海滩。度假村有2个游泳池，1个网球场、健身中心和水疗中心。共有85间客房。接待处在查龙海滩上离码头不远处 ¥ ¥¥¥ 076 35 54 55 @ www.theracha.com

斯米兰岛

（Ko Similan）★这9个丛林覆盖的岩石岛屿位于普吉岛西北110千米处，无人居住在此。岛上只有几个较小的沙滩。

它们的迷人之处在水下。斯米兰的潜水区是全球最热门的目的地之一。深潜者和浮潜者能在这儿看到像鲸鲨和蝠鲼这样的大型鱼类以及美妙绝伦的珊瑚世界，能见度至水下30米。所有的潜水基地都有去斯米兰岛的多日游览项目，游客可以乘坐帆船或者摩托艇。

省钱有道

这里的设施简陋，但一些简易别墅的竹制简房的景色还不错。所有小屋都沿罗达拉木湾（Ao Lo Dalam）西边的山坡建造，费用约为1000泰铢。共有12个房间。08 97 25 48 84

想住在海边的每晚住宿价格仅为1000泰铢的简易别墅？去小长岛上的Baan Tha Khao Bungalows就对了。每天花500泰铢您还能租到皮划艇。共有6个房间。076 58 27 33 @ www.kohyaobungalow.com

普吉岛

旅行社还为浮潜者提供一日游或过夜的旅行。游客首先乘坐小巴从普吉岛到达大陆上，然后到达Taplamu（大约需两个小时），从那里乘坐快艇约1.5小时到达斯米兰。这些岛屿是国家公园（门票200泰铢 @ www.dnp.go.th），公园管理部门还提供平房或帐篷。从5月初到10月底，公园会因季风降雨而关闭。

小长岛

（Ko Yao Noi）（折页h4）小长岛是攀牙湾中的第二大岛屿，是海中的绿色宝石，从普吉岛乘坐渡轮半小时就能抵达。但只有少数游客会来这里，原因是：★小长岛没有任何理想的海滩，退潮时海水会远远退去。

但这也是一种祝福！这个拥有近4 000名穆斯林农民和渔民的岛屿保留了其原有的魅力，是一个放松的好地方。每天有几趟从普吉岛和甲米省来的游船抵达这里。@ www.kohyaoislands.com；www.kohyaotravel.com

美食

在岛上简称为"Talad"（意为市场）的村子里，有一家 编辑推荐 法耶饭店（Faye's Restaurant ⏰每天9:00—21:00 ¥ ¥~¥¥ ☎ 0 76 59 74 95），在这里来自丹麦和法国的厨师不仅提供素食，还有优质咖啡和鸡尾酒。在帕赛海滩前的环路上，柏林的餐厅Rice Paddy（¥ ¥~¥¥ ☎ 0 76 45 42 55）提供烤土豆和牛排。同样在环路上，就在塔考（Takhao Bays）海湾前的餐厅La Luna（¥ ¥~¥¥ ☎ 08 46 29 15 50 @ www.lalunakohyao.com）里，有烤箱里新鲜出炉的比萨。帕赛海滩（Pasai Beach）上的餐厅Pasai Seafood（¥ ¥~¥¥ ☎ 08 72 64 12 81）就在海边，供应各种泰国美食和海鲜。

购物

在海滩或环路上，您可以在小商店购买必需品。在村子中心有一些能满足日常需求的商店，还有岛上唯一的安有空调的7-11便利店，但这里不出售酒精饮料。7-11便利店旁有一个自动取款机。法耶饭店旁边的葡萄酒商店里有各种烈酒和葡萄酒。

休闲/运动

许多度假村和旅行社都出租皮划艇，并提供前往攀牙湾的旅游项目。您还能从他们那儿租到自行车，在拓宽的且鲜有人烟的环路上探索小长岛的大部分地区，只需花费1.5小时。看看丛林的绿色树梢——这里是许多鸟类的家园，包括稀有的犀鸟。

Ik.y.n Boxcamp

在前泰国冠军Khun Hlukhin及其经验丰富的教练团队的指导下，这个拳击训练营里拳影交错。学员们居住在训练营里的一家酒店，只有拳击学校的学生能入住这里。🏠 Lamsai ⏰任何时候都可以报名，但是有参加人数限制 ☎ 08 22 89 42 76 @ www.phuket-krabimuaythai.com

普吉岛周边小岛

岛屿瑜伽馆（Island Yoga）
深呼吸——这就是您在这个村子里的瑜伽课上所能做的。您必须投入至少3天，但许多人会待一个星期，为了真正掌握它。课程也适合初学者。
🏠 Klong Jark海滩上的Ulmar's Nature Lodge 🕐 随时都可报名，5月和9月关闭 📞 08 73 87 94 75 @ www.thailandyogaretreats.com

米娜厨艺培训（Mina's Cooking Classes）
您想学习烹饪真正的泰国菜吗？在小组里您将学习做5道菜，课后可以带走菜谱。这本菜谱将会是一个超棒的纪念品，可以使用很长时间。另外还有儿童烹饪班！简易别墅的房价中包括接客服务。🏠 Ban Yai 🕐 每天10:30—15:00，15:30—18:00 📞 08 78 77 31 61 @ www.minas-cooking-classes.com

住宿
几乎所有的旅店都位于东海岸的海滩上，可通过环路进入。这里约有20个度假村正在恭候您，它们大多配置简单。第六感酒店（Six Senses）是绝对顶级的度假村，也是泰国南部最独特的度假胜地之一。

Koyao Island Resort
这是小长岛最好的生态度假村，有两个游泳池，但故意没有配空调和电视。120平方米的大型别墅主要采用天然材料，用传统风格建造，这样能储存热量，让空气流通，并能和沙滩上的棕榈林完美地融合。共有22个房间。🏠 Klong Jark ¥ ¥¥¥ 📞 0 76 59 74 74 @ www.koyao.com

Sabai Corner
这个小长岛度假村历史悠久，

小长岛上的水牛

普吉岛

有棕榈树和私人沙滩的泳池：奢侈又环保的六感酒店

位于海边树木下的一个斜坡上。这些棕榈树叶覆盖的木制平房大小不一，配有风扇。有不错的餐厅。共有11个房间。🏠 Klong Jark ¥ ¥~¥¥ 📞 0 76 59 74 97 @ www.sabaicorner bungalows.com

第六感酒店（Six Senses）🌏

这个贵族度假胜地的别墅大部分采用天然材料建造，卧室内装有空调。酒店从丛林密布的山脉延伸至小型私人海滩。您还可以沿着木制走道探索周围的红树林。蔬菜和水果就在花园里种植，废料则用于堆肥，没有塑料瓶的踪影。这里有游泳池、水疗中心、健身中心、网球场。共有50个房间。🏠 Klong Jark海滩和塔考海湾之间 ¥ ¥¥¥ 📞 0 76 41 85 00 @ www.sixsenses.com/sixsensesyaonoi

当地搜罗 Suntisook Resort

温馨的家族经营的度假村，厨师的妈妈也会一起下厨。宽敞的简易别墅位于精心打理的花园中，屋内配有空调或风扇、电视、冰箱。走过一条游人稀少的路段就能到达海滩。共有9个房间。🏠 Takhao Bay ¥ ¥~¥¥ 📞 0 76 58 27 50

大长岛

（Ko Yao Yai）（折页 h4-5）

大长岛是两个长岛中较大的一个，面积大约是小长岛的两倍，长度也是小长岛的两倍长（约25千米）。这里的旅游业处于刚刚兴起的阶段。

除了少数几个度假村，这个有7个村庄的岛上几乎没有其他的旅游设施。

这正是那些想要了解原始乡村生活的自然爱好者想要的。12 000名岛民中的大部分居住在岛屿的南部。每天都有从普吉岛港口或邦荣码头出发的渡轮来这里。前往小长岛的船会

普吉岛周边小岛

在岛的北部停留。@ www.koh-yao-islands.com；www.kohyaotravel.com

美食

在岛屿南部的Loh Jark码头，您可以在小餐馆里一边欣赏海景，一边享用烤鸡和辣木瓜沙拉。在通往码头的通道上，Bua Siam餐厅（¥¥）的泰式菜肴令人赞不绝口。这里有英文菜单。

购物

一条混凝土路从北到南贯穿整个岛。沿街您能找到卖食物和日用品的小商店。大多数商店都在岛的南部，在码头边的大村子里。

休闲/运动

这个车辆稀少的主干道和通往海滩的道路是骑山地自行车的理想区域。大多数度假村都出租自行车和轻便摩托车。度假村Activities Resort（岛南部的主街 ☎ 0 76 58 24 75 @ www.kohyaoactivitiesresort.com）除了提供住宿，还提供生态游，如 当地锦囊▶满月时乘皮划艇穿越红树林，以及在森林和海滩骑马。Elixir Divers（ Elixir Resort ☎ 08 78 97 00 76 @ www.elixirdivers.com）是岛上唯一的潜水中心。

住宿

Elixir Resort

棕榈茅草做屋顶的舒适的简易别墅位于宽敞的花园里，就坐落在海滩上，是岛南部最好的房子，带有游泳池和健身中心。共有31个房间。 Loh Yark Bay ¥ ¥¥¥ ☎ 08 78 08 38 38 @ www.elixirresort.com

当地锦囊▶家庭花园度假村（Home Gardens）

在这儿您将有宾至如归的感觉。度假村联排别墅里的房间很干净，配有空调、电视、冰箱和阳台，性价比很高。只需5分钟就能到达游人稀少的Lo Paret海滩。度假村老板也会组织游览。共有5个房间。 岛的南部，在主街通往Lo Paret海滩的岔路上 ¥ ¥ ☎ 08 57 94 74 28 @ www.heimatgardens.com

Koh Yao Yai Village

被橡胶树和热带雨林环绕着，用棕榈秸秆所覆盖的简易别墅位于树荫之下，贴近自然又不失舒适。度假村自己的花园中种有蔬菜。度假村配有健身中心、带桑拿浴室的温泉中心，还有可以欣赏攀牙湾美景的大泳池。退潮时，海水远远地回撤，海滩上散布着岩石。共有49个房间。 岛的北部 ¥ ¥¥¥ ☎ 0 76 58 45 00 @ www.kohyaoyaivillage.com

Yao Yai Beach Resort

度假村的平房位于海边的花园区，房子上铺有竹席和茅草，配有空调或风扇。所有客房均配有电视和冰箱。共有19个房间。 岛的南部，Lo Paret海滩 ¥ ¥~¥¥ ☎ 08 19 68 46 41 @ www.yaoyairesort.com

独特体验之旅

① 普吉岛最美之旅

起点：① 查龙湾
终点：⑩ 芭东海滩

1天
路上驾驶时间
2.5小时

路程：
➡ 94千米

费　　用：共计约人民币600元，包括汽车租赁、汽油、门票及餐饮。

携带物品：游泳物品、防晒霜。

注意事项：普吉岛上道路事故频发，请务必小心驾驶！

　　梦幻沙滩和一座首府城市，它充满魅力，历史底蕴和自然风光兼备，佛教氛围浓郁，还是个购物天堂。在这行程紧凑的一天中，您的体验将比其他游客整个假期的都丰富。

地球的每个角落都有其美丽之处。如果你想发现每个地区的独特魅力，如果你想找到值得驻足观赏的景物、震撼人心的去处、美味的餐厅……那么这份定制的深度游攻略再合适不过了。

10:00 旅行从桅杆林立的码头开始。❶ 查龙湾→P.60是一个天然良港，来自世界各地的帆船爱好者聚集在此。迪克斯灯塔酒吧餐厅→P.61位于码头左侧道路尽头，在那儿不仅可以享用一顿美味早餐，还能将海湾景色尽收眼底。之后从码头出发，在环岛路第二个路口右转，朝机场方向行驶。大约1千米之后左转进入岔路，就能看到 ❷ 普吉大佛→P.60了。这座宏伟大佛端坐于海拔400米高的山顶

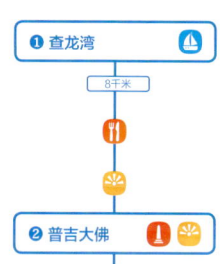

上图：芭东

普吉岛

上，目视东方，那正是查龙湾的方向。请在此享受极目海天的壮丽景色。

之后请返回主路，左转进入4021公路。1.8千米后右转，前往岛上最大的佛教寺院——❸查龙寺→P.61，可以在寺中走走看看，稍作停歇。之后，请沿4021公路继续行驶，直至右转进入❹普吉镇→P.68。在老城区塔廊路以及旁边的罗曼尼小巷闲逛片刻，许多古老的中葡式建筑风格的商店映入眼帘。推荐去中国旅馆餐厅→P.71——一座装修非常漂亮的别墅，来一杯饮品。

请往机场方向行驶至两女英雄纪念碑→P.39，之后右转进入4027公路（如果环岛路封闭，则继续前进然后掉头），前往❺塔廊国

独特体验之旅

家博物馆→P.39。在那儿，您可以了解到和普吉岛历史相关的所有信息。穿过4027公路继续向北行驶，大约7千米后右转，进入 ❻ **烤帕吊国家公园**→P.38保护区的热带雨林。您可以在长臂猿保育中心了解这些动物在回归野外生活之前需要做哪些准备。

13:00 穿过邦荣村（Bang Rong）后，普吉岛的苍翠腹地就被留在身后了。沿着高速公路向北，大约2千米后右转进入402道路。第一个路口掉头，朝机场方向行驶，之后根据路标左转前往 ❼ **奈扬海滩**→P.49，下海来一个海水浴，让疲惫一扫而光。之后再去品尝Khwanta Seafood（🕐 每天8:00—20:00 ¥ ¥¥）刚出炉的烤鱼，味道仿佛更鲜美了。午饭后请继续向南行驶，普吉岛顶级海滩之一的 ❽ **奈通海滩**→P.48正在静候您的到来。您可以在沙滩上悠闲漫步，来一次令人身心舒畅的按摩。如果觉得这儿还是稍显喧哗，请继续向南行驶约2千米，在沙滩尽头 **香蕉海滩**→P.49海湾处停车。请留意"Banana Beach"的路标。一条不起眼的小路通向那片静谧沙滩。

沿海公路现在开始朝内陆延伸。请您穿过4030公路，沿着4025公路继续向南行驶至 ❾ **苏林海滩**→P.58，经过重新绿化，如今这片海滩是岛上最美海滩之一。路边还有几家很不错的餐厅。

18:00 从苏林海滩出发，沿着海岸线，继续向南行驶13千米，您将在日落时分到达 ❿ **芭东海滩**→P.51。普吉岛人气最高的地方、一个无与伦比的娱乐场所即在此处。穿行在芭东酒吧街，在古老的袋鼠酒吧（Kangaroo Bar）里喝一杯啤酒。**帕姆酒店**→P.54的晚餐好吃不贵。酒足饭饱、养精蓄锐后，就可以冲进 **江西冷**→P.54——全岛最大的购物中心"买买买"了。芭东酒吧街的一端通向沙滩，另一端右转就是江西冷。购物中心营业至23:00，您可以在里面尽情闲逛。

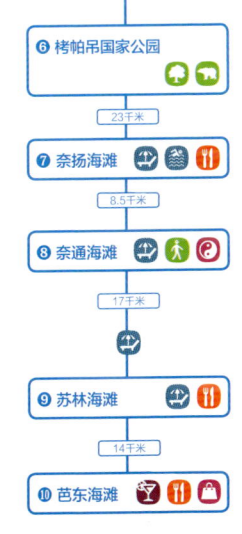

❻ 烤帕吊国家公园

23千米

❼ 奈扬海滩

8.5千米

❽ 奈通海滩

17千米

❾ 苏林海滩

14千米

❿ 芭东海滩

温顺的长臂猿

普吉岛

2 漫步赏景之旅

起点：❶ 奈涵海滩
终点：❶ 奈涵海滩

1天
步行时间
约4小时

路程： 12千米
难度： 容易

费　用：大约人民币154元，包括餐饮、桑拿和按摩。
携带物品：防晒霜，游泳和潜水物品，饮用水，舒服的运动鞋。

注意事项：路上请务必摄入足够的水，务必戴帽子。

全岛风景最美丽的地方在南部。在那儿，您可以远离喧嚣，不受打扰，在沙滩上尽情奔跑，享受震撼人心的美景，在无与伦比的海水浴、潜水活动和按摩中放松自我。

❶ 奈涵海滩
300米
❷ 奈涵寺
100米
❸ 奈涵湖
2.3千米
❹ 神仙半岛可再生能源站
600米

08:00 为期1天的旅程从参观寺庙开始。在通向 ❶奈涵海滩→P.64的主干道左侧，距海滩很近的地方有一个大停车场。从那儿可以进入 ❷奈涵寺（Wat Nai Harn）。您可以在里面转一转，进门左侧不远处是当地情report参天榕树，请您多加留意。榕树底下摆满了物件，小佛龛、风干的花环、小玩偶、佛像等。另外值得一看的是位于中央的寺庙建筑，它的玻璃马赛克装饰色彩斑斓，在阳光下耀眼夺目。

请您不要错过通向寺庙后门入口的那条路。出了庙门，眼前就是 ❸奈涵湖（Nai Harn Lake），一条林荫道环湖而建。请您沿湖向右走，直到看到一座小型的中式佛龛。在此处向右转，上坡，至神仙半岛。这条路人迹罕至，左右两侧草木丛生。在转弯处继续上坡，直至登上山顶，鸟瞰奈涵海滩，将大海、树林尽收眼底。

还有更赞的景色！当 ❹神仙半岛可再生能源站→P.66的风车轮映入眼帘，向右转，几米之后就能看到一个雄踞海浪之上的观景台，极目远眺，被青翠丘陵环绕着的海湾和中间的无人岛一览无余，壮丽景色令人震撼。沿原路返回，一路下坡回到海

独特体验之旅

边。精致的 ❺ 雅努伊海滩→P.67 在向您招手，海水浴和潜水都是不错的选择，请抓住机会探索水下世界，色彩斑斓的珊瑚和鱼群在等待您。

13:00 雅努伊海滩有一条左转的路通向拉威海滩。那儿同样车马罕至，路旁两侧植被茂盛。步行大约1.5千米后，出现一条路，从拉威海滩通向神仙半岛。请向左转，然后立刻向右。跨过桥，穿过一条林荫道后，就到了 ❻ 拉威海滩→P.66，这里有一整条街的海鲜大排档。推荐在咖啡馆Nikita's Café（🏠 沙滩尽头，林荫道向陆地延伸的转弯处 🕒 每天10:00至深夜 ¥ ¥¥）喝杯冰咖啡，来份小吃。

从拉威海滩回到桥上，这次走那条向右延伸的路。经过橡胶树种植园、度假酒店、餐馆、民宅，大约2千米后，转向Sai Yuan方向。在右手边，有一家特色体验店在等您。经过7-11便利店之后，路上一下子热闹了许多。马路斜对面的招牌 ❼ 草药蒸汽桑拿（🕒 每天12:00—19:00 ¥ 桑拿100泰铢，按摩

❺ 雅努伊海滩

2.5千米

❻ 拉威海滩

4.2千米

❼ 草药蒸汽桑拿

拉威海滩上渔民家的孩子

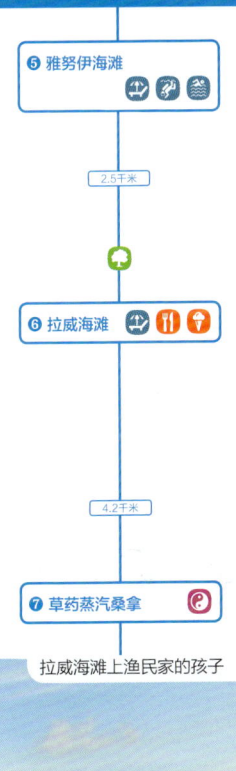

普吉岛

30米

⑧ 一勺糖咖啡馆

2.1千米

① 奈涵海滩

300泰铢）指明了享受美妙时刻的位置。这家年代久远的店装饰简单，但是店员不会穿着粉色紧身短裙围着您转来转去，这样的店可为数不多。做完桑拿和按摩，可以去马路对面的 ⑧ 一勺糖咖啡馆→P.64 坐坐，此刻来一杯香浓咖啡、一块可口小蛋糕，感觉尤其棒。

13:00 踏上回程之后，车马喧嚣将渐渐被置于身后。请走德国面包店→P.64对面的马路，然后右转，经过一个巨大的弯道，穿过旁边假酒店和私人住宅的草地，就回到了 ① 奈涵海滩→P.64。

独特体验之旅

3 泰国南部之旅

起点：❶ Thep Krasattri 桥
终点：❶ Thep Krasattri 桥

路程： 🚗 300千米

4天
驾驶时间
约6小时

费　　用： 💰 人民币2 320~3 100元，包括住宿、餐饮、租车、汽油。

携带物品： 游泳物品，运动鞋，防晒霜，驱蚊用品（喷雾、长袖衬衣、袜子等）。

注意事项： 在穆斯林聚居的❹班儿岛渔村，请不要随身携带酒类，也不要遛狗！特别注意，晚上和雨后进入考索国家公园（Khao Sok National Park）时一定要做好防护措施，预防水蛭和蚊虫叮咬。

这次旅程将经过泰国南部风景最美的内陆地区，专为喜欢探索发现的游客定制。您将驾着小船造访攀牙湾的梦幻小岛，开车从路况良好的热带雨林中穿行，沿着漫长的海滩散步。

清晨从402高速公路出发，经过❶Thep Krasattri 桥，离开普吉岛。从Khok Kloi转到4号高速公路上，朝着攀牙湾方向行驶。30千米后左转，有一条小路通向美丽的❷卧佛寺（Wat Suwan Khuha）和藏有众多佛像的 当地情报▶Tham Yai洞窟。返回高速公路，在距攀牙镇3千米处右转，到达❸塔丹码头和攀牙湾度假村→P.77。从这儿开始，您可以自驾小舟，细细欣赏壮丽的攀牙湾→P.76——红树林热带雨林、石灰岩丘陵和山洞，美不胜收。餐馆通常朴实无华，挑其中一家来一顿简单的午饭，饭后稍作歇息。

当您被海中奇峰林立的景色震撼，准备拿出相机时，您的感觉是对的。这儿是电影《007：金枪人》的取景地，罗杰·摩尔（Roger Moore）饰演的詹姆斯·邦德在影片中展开水上追击战，后来那座迷你岩石小岛得名詹姆斯·邦德岛（James Bond Island）。

众多长尾船船夫在码头招揽游客（💰 租金为

第1天
❶ Thep Krasattri 桥
37千米
❷ 卧佛寺
8千米
❸ 塔丹码头

普吉岛

乘船游览考索国家公园

每天4 000泰铢左右）。船夫会向您推荐不同的环湾游路线，时长4~6小时不等。您可以在穆斯林聚居的木桩村落❹班儿岛过夜，Yaowapa家族经营的 当地锦囊▶莎阳别墅家庭旅馆（Sayan Bungalous，8个房间 🏠 111 Phet Kasem Rd. ¥¥ 📞 0 76 41 11 50）装饰朴实但气氛温馨。订房请联系Kean Tour。Kean Tour是一位热心人，租船时可以帮您和码头的船夫砍价，比您自己直接去交涉优惠很多。

沉酣一觉之后，清晨来临。租好的长尾船会接您出发（最好通过旅馆联系好船夫），重新回到4号高速公路上。从Bang Ba左转进入4090号公路，朝着达瓜巴（Takua Pa）方向行驶。50千米后穿过一片充满野性和浪漫气息的山地丘陵和热带雨林，就来到了达瓜巴东侧的401高速公路，朝泰国的素叻他尼府（Surat Thani）方向行驶。15分钟后，左侧路边出现★❺考索国家公园（@ www.khaosok.com）的路牌。公园占地646平方千米，是泰国南部面积最大的热带雨林区。您会看到老虎和野生大象在林间穿行，长臂猿在眼前荡来荡去。这儿还有世界上最大的花——大王花（Rafflesia），花朵直径可达1米。

建议您在这儿住两个晚上，这样就能空出一个完整的白天来游玩。推荐酒店Our Jungle House（20个房间 ¥~¥¥ 📞 08 14 17 05 46 @ www.khaosokaccommodation.com），有平房别墅和农家小院两种房型可供选择。

您还可以在国家公园中品味自然，公园景区提供独木舟游览和雨林徒步等不同的项目。当地锦囊▶轮胎漂流（Tubing）尤其好玩，乘坐充好气的轮胎内胎，沿着索河（Sok River）缓缓顺流而下。公园中央建筑附近的徒步线路标识清晰，您可以顺利穿过密林，继续旅行。此外，秋浪湖（Cheow Larn）水库也值得一看。

独特体验之旅

回普吉岛可以在达瓜巴县（Takua Pa）南部沿4号高速公路行驶（驾驶时间约为2小时），途经漫长蜿蜒的 ❻ 考叻海滩（Khao Lak Beach）。有许多度假酒店静候光临（@ www.khaolak.com）。❼ 考叻拉姆鲁国家公园（Khao Lak Lamru National Park）中央有一家无名餐厅（🕐 每天 ￥￥），可以看到漂亮海景和热带雨林，餐厅位于高速公路右侧100米处沙滩的南端，一座小山脚下。由此往南，经过 ❶ Thep Krasattri桥，您就回到了普吉岛。

第4天

113千米

❻ 考叻海滩

6千米

❼ 考叻拉姆鲁国家公园

52千米

❶ Thep Krasattri桥

普吉岛

④ 骑车环岛游

起点：❶ 塔考码头
终点：❶ 塔考码头

1天
纯骑行时间
2.5～3小时

路程：
大约20千米

费　　用：￥人民币约150元，包括自行车租赁费和餐饮。
携带物品：游泳物品、防晒霜、饮用水。

注意事项：一定要戴好帽子，胳膊和腿上涂好防晒霜再出门。部分度假酒店出租自行车，例如塔考海湾的Suntisook Resort→P.84。

草木葱茏的小长岛上有路况良好的环岛路，而且路上汽车很少，是骑行爱好者的天堂。您可以欣赏壮丽的海景和雨林，还可以游泳、划船、享用佳肴。

10:00 骑上自行车前，您可以在 ❶ 塔考码头（Takhao Pier）找一家临水而建的咖啡馆，静静享受岛上的清晨时光。穿过小村庄后，朝内陆方向骑行，先是一段上坡，因为岛上地势起伏不平。一开始坡度变化非常缓慢，您可以尽情欣赏翠绿的山谷、洞穴、热带雨林和橡胶树种植园。

道路最高处有一条笔直的下坡路通向岛上的行政中心 ❷ Talad（市场）。请将车子停好，沿着主街道走一走，两侧有很多小商店。城中央十字路口是**法耶饭店→P.82**，您可以稍作休息，看窗外悠闲的人们来来往往。之后向东南方向骑行，经过邮局、警察局和学校，很快您就又置身于绿色的大自然中了。偶尔经过几座零星的房屋和商店，有时会穿过红树林来到海边。请不要下车，因为路上也许会突然出现一只蜥蜴或者一条蛇。

13:00 环岛路在小岛南部腹地岔出一条小路通向Lam Sai村。经过Lam Sai村庄旅馆后，沿着海边骑行，直到道路尽头。当地特色餐厅 当地 锦囊 ❸ **Lam**

独特体验之旅

Sai Seafood（⏰ 每天10:00—22:00 ¥ ¥）临海而建，之前的店名为Lobster Sea Food，指示牌现在还没改过来。他家的鱼做得非常好。最迟14:30您要回到环岛路上，继续向右骑行，不久再向右转，经过一个弯道。您将到达 ❹ 洛美莱海滩度假酒店（Lom Lae Beach Resort @ www.lomlae.com），它位于一片非常漂亮的海滩上，您甚至可以在退潮时游泳。

沿环岛路骑行，接下来抵达的是 ❺ 帕赛海滩。沙滩上有度假酒店、商店、餐馆和路边摊，提供各种小吃和饭菜供游客在海边享用。这时候您的腿肯定非常累了——让沙滩上的按摩师给您按摩吧。然后租一条皮划艇在海上泛舟，换胳膊来运动一下吧。

18:00 请继续沿着东海岸骑行，现在大海几乎一直在您身旁了。下一站推荐您去气氛温馨的 ❻ Sabai Corner→P.83，他家的菜品和泰国菜很不一样，例如金枪鱼拌土豆沙拉。返回塔考海湾的途中还要经过一个上坡。穿过树林后，有大约100米的上坡，之后您就可以顺势而下，到达 ❼ La Luna咖啡馆，他家的卡布奇诺和浓缩咖啡都很棒。之后经过一个橡胶树种植园，眼前就是波光粼粼的蓝色大海了。此时在沙滩上散步片刻，捡捡贝壳怎么样？如果正好退潮，您甚至可以步行到达岩石小岛Koh Nok。旅行就在 ❶ 塔考码头 结束了——它也是这段旅程开始的地方。

- 1.8千米
- ❹ 洛美莱海滩度假酒店
- 2.1千米
- ❺ 帕赛海滩
- 500米
- ❻ Sabai Corner
- 2.2千米
- ❼ La Luna咖啡馆
- 1.9千米
- ❶ 塔考码头

户外活动

如果您想把度假和运动结合起来,那来普吉岛肯定错不了。观鲸、滑水,还可以划独木舟穿行在独具魅力的岛上世界。

下面提到的大部分项目在普吉岛都很常见。可以通过网站或者在当地旅行社提前预约。

热带雨林游览

普吉岛本身的热带雨林区面积较小,位于东北部的栲帕吊国家公园。但是在距普吉岛只有两小时车程的考索国家公园(@ www.khaosok.com),您可以看到广袤的热带雨林,还有老虎和野象穿行其间。徒步或者划独木舟游览热带雨林都将是终生难忘的经历。提供相关项目的旅行社有:Phuket Tours(@ www.phuket-travel.com),Phuket Safari(@ www.phuket-safari-travel.com),Siam Safari(@ www.siamsafari.com),当然您也可以自助游。可以租车自驾或者从普吉镇乘坐公共汽车前往。

上图:考索国家公园

深入热带雨林，潜入海底世界，攀登礁石峭壁——普吉岛是运动爱好者的天堂。

高尔夫球

普吉岛有7个高尔夫球场，是泰国国际高尔夫旅游业最发达的地方。果岭费通常最低为人民币540元。最便宜的是查龙湾附近的 实地 推荐 ▶ 普纳卡高尔夫球场（Phunaka Golf Course ¥ 人民币193元起 @ www.phunakagolf.com），甚至可以晚上在强光灯下打球。果岭费较低的球场还有：Golf Orient（@ www.golforient.com），Phuket Golf（@ www.phuket-golf.com），Phuket Golf Master（@ www.phuketgolf.net）。

普吉岛

独木泛舟

普吉岛东部的攀牙湾是独木舟爱好者的梦想之地。旅行的高潮是那些山洞（hong），只有退潮后才能泛舟抵达。潮汐河流、普吉岛东部甲米府的红树林、考索国家公园的水库也都非常适合划独木舟。可联系以下旅行社咨询：Paddle Asia（@ www.paddleasia.com）、Sea Canoe Thailand（@ www.seacanoe.net）、Sea Cave Canoe（@ www.seacavecanoe.com）。

攀岩

普吉岛攀牙湾和皮皮岛的石灰岩峭壁是攀岩爱好者的梦想之地。1日教程花费大约为人民币385元。小长岛上提供攀岩教程的旅行社有Ko Yao Rock Climbing（@ www.themountainshop.org），皮皮岛上的攀岩教程数量更多。

山地车

如果计划骑山地车出游半天，推荐您在普吉岛南部和东北部的坡道和车流量较少的马路骑行。如果您有一整天的空闲时间，可以乘船前往小长岛。岛上越来越多的度假酒店提供山地车租赁业务。许多有两天时间的游客会选择去东部相邻的攀牙府和甲米府。您可以提前和旅行社预约或者直接现场议价。Action Holidays Phuket（@ www.biketoursthailand.com）、Siam Bike Tours（@ www.siambiketours.com）、Sea Canoe Thailand（@ www.seacanoe.net）都提供山地车旅行项目。

游泳/潜水

普吉岛和所有泰国南部海滩一样，在5—9月的雨季下海游泳是有生命危险的。如果沙滩上竖起了警示红旗，请您务必提高警惕。每年都有游客被暗流卷走丧生。一旦您被海浪裹挟，无论如何不要惊慌失措、拼命游（这样您一两分钟后就会精疲力尽），理智的做法是尝试侧身，将身体从海浪中露出来。潜水爱好者可以在普吉岛的卡塔海滩和奥森湾的近海海底看到珊瑚。更好的潜水地有珊瑚岛（Ko He）和皇帝岛，而潜水胜地当属斯米兰岛和皮皮岛。

帆船

●安达曼海的小岛是帆船爱好者的天堂，普吉岛凭借宽阔的码头成为亚洲帆船中心。许多商户提供帆船和游艇租赁业务。不带船长的租船费用为每天人民币2 700元起。价格合适的话，部分船公司提供驾船从普吉岛漂洋过海到欧洲或者马来西亚的兰卡威群岛（Langkawi）的业务。您可以在餐馆的墙上找到相关的信息。 当地精囊 体验最佳的当属查龙湾和奈涵海滩、奥森海滩。那儿的大部分帆船游艇属于个人，码头上桅杆林立。普吉岛东海岸有许多有名的船公司，例如Asia Marine Leisure（@ www.asia-marine.net）、Sunsail（@ www.sunsail.de/yachtcharter/suedostasien/thailand/phuket）、Phuket Yachtcharter（@ www.phuket-yachts.com）。

户外活动

安达曼海的水下世界：世界最佳潜水地之一

按摩

一身轻松，感觉获得了新生——几个小时的按摩就能带来身心双重愉悦。药草浴、蒸汽桑拿、瘦身疗法还有举世闻名的泰式按摩，不仅让身体放松，还有助于健康。更多关于按摩店的详情请见 @ www.phuket.com/spa_massage。

潜水

普吉岛周边的安达曼海是世界最佳潜水地之一。水下视野可达30米，可以看到体型巨大（但不伤害人类）的鲨鱼和五彩斑斓的珊瑚鱼。尤其推荐普吉岛北边的斯米兰岛，目前该岛尚无人类定居。斯米兰岛北边的 当地privée 苏林岛（Ko Surin）尽管还不太出名，但水质极佳。看到鲨鱼和鳐鱼概率较大的地方首推黎希留岩（Richelieu Rock）附近。

斯米兰岛西北部165千米处的 当地privée 缅甸海岸线（Burma Banks）的水下岩石也被珊瑚覆盖，它属于缅甸海域。有经验的潜水员能在此处发现水下处女地，还有许多真鲨和远洋鲨鱼。即使在距离普吉岛只有一小时船程的皮皮岛和南部稍远一些至马来西亚边境的海域，也有动植物种类丰富的水下世界。

最佳潜水时间是每年1—4月风平浪静的时候。租用双氧气瓶1天的费用约为人民币540元，前往斯米兰岛、苏林岛的潜水4日游费用约为人民币4 630元。如果想上潜水课（3~4天），您得做好人民币2 320元的预算。普吉岛、皮皮岛和大、小长岛均有潜水学校（@ www.taucher.net）。皮皮岛上的潜水用品商店鳞次栉比，因此价格较便宜。您可以在泰国国家旅游局官网（@ www.amazingthailand.org.cn）上查询更多关于潜水的信息。

带着孩子旅行

在泰国游玩,没有比普吉岛更容易让孩子找到玩伴的地方了,因为有太多家庭带孩子来此度假。

对孩子们而言,普吉岛的沙滩就像一个巨大的沙盒。但并不是所有的沙滩都适合孩子玩耍,例如芭东海滩。它的中心区域游客往来如织,如果疏于看管,小孩很容易走丢。请选择人流量较少的北段和南段。更推荐班涛海滩、迈考海滩、奈涵海滩、卡塔海滩、小卡塔海滩以及卡伦海滩等明显安静得多的沙滩。奥森湾不适合带孩子下海游泳。海底的珊瑚以及棱角锋利的岩石都是潜在的危险。

如果在沙滩上玩腻了,您可以带着孩子去恐龙公园打迷你高尔夫球。此外,泰国还是世界著名的童装生产国,在那儿买衣服非常实惠。

西海岸

迷你高尔夫乐园(Adventure Mini-golf)(折页C7)

最新建好的18洞迷你高尔夫球场位于班涛海滩,度假村北部的主干道旁。⏰ 每天11:00—23:00 💴 成人门票280泰铢起,儿童票200泰铢 📞 0 76 31 43 45 @ www.phuketadventureminigolf.com

恐龙公园(Dino Park)★(折页C11)

巨型蜥蜴张着大口,露出锋利的牙齿,当夜幕降临,火山口喷出熊熊火焰。当然,这些都是人造景观。这座史前景观公园其实是一个迷你高尔夫球场,能让孩子们玩得不亦乐乎!

在恐龙公园打迷你高尔夫球,划独木舟,在热带雨林中攀岩——普吉岛是适合全家人的度假胜地。

🏠 Karon Rd.,在卡塔海滩和卡伦海滩之间的小山上,Marina Cottage度假酒店附近 🕐 每天10:00—24:00 ¥ 成人门票240泰铢,儿童票180泰铢 📞 0 76 33 06 25 @ www.dinopark.com

拉古纳探险户外运动中心
(Quest Laguna Adventure)(折页C7)

这座热带雨林中的冒险乐园位于班涛海滩,适合不恐高的游客。虽然大部分项目要求有经验的玩家,但家庭乐园区有适合年满6周岁孩子的攀岩项目,还可以(在安全绳的保护下)在茂密树冠之间荡来荡去。孩子们可以在里面玩一整个下午。🏠 Laguna Beach Resort,班涛海滩 ¥ 门票200泰铢 📞 0 76 31 42 53 @ www.dev.lagunaphuket.com

左宾球(Rollerball Zorbing)(折页C10)

世界上有些东西,看起来无厘头,但能让人沉浸其中,不能自

普吉岛

拔——比如两人一组进到一个充满气的大塑料球里，然后从几百米高的山坡上滚下来。能容纳40升水的透明左宾球能给人带来巨大的欢乐。🏠 Kalim Beach ⏰ 每天10:00—20:00 ¥ 每次950泰铢，6次优惠价1 950泰铢，5岁以下儿童免费 📞 08 98 72 65 32 @ www.zorbing thailand.com

热带风暴水上乐园（Splash Jungle），迈考海滩（折页C3）

它位于热带雨林的掩映中，从外面看不到什么，但里面到处水花四溅。主要景点包括超长滑道、装备了人工造浪机的水池和水上旋转木马。还有一条长达335米的懒人河（Lazy River），您可以带着孩子坐在泳圈里惬意地顺流而下。🏠 Resort West Sands，迈考海滩 ⏰ 每天10:00—18:00 ¥ 成人门票1 495泰铢，儿童票750泰铢，5岁以下儿童免费 📞 0 76 37 21 11 @ www.splashjunglewaterpark.com

南部和东部海岸

普吉骑马俱乐部（Phuket Riding Club）（折页D12）

在这儿小孩子也可以骑马。孩子骑着马穿过橡胶树种植园或者在友谊海滩上骑马。有一名专业工作人员陪同。🏠 Viset Rd.，通向拉威海滩的马路，十字路口往南约1.5千米处，查龙 ⏰ 每天7:00—18:30 ¥ 热带雨林骑行1小时1 000泰铢，沙滩骑行1.5小时1 500泰铢 📞 0 76 28 82 13 @ www.phuketridingclub.com

暹罗观兽旅行（Siam Safari）（折页D12）

主办方在各个方面都组织得令人满意，而且也能让孩子们乐在其中，例如乘坐路虎车巡游或者乘坐独木舟游览。旅程刚开始，大本营附近就有猴子惊喜现身，它们身手敏捷地从树上摘椰子，由此开启一段奇妙探险之旅。🏠 45 Chao Fa Rd.，转盘北侧、机场方向驶出，查龙 ⏰ 大本营每天9:00—17:00 📞 0 76 28 01 16 @ www.siamsafari.com

普吉岛索伊流浪狗收容所（Soi Dog's Phuket Shelter）👽（折页D3）

这家动物收容所由索伊流浪狗基金会运营，资金全部来自捐赠，为岛上的流浪狗和流浪猫提供庇护。目前收留的动物超过400只。它位于迈考海滩、机场北侧，面向游客开放。准确路线请查阅官网。🏠 167/9 Moo 4, Soi Mai Khao 10 ⏰ 周一至周五9:00—12:00，13:00—15:30；旅行团周一至周五9:30，11:00，13:30 @ www.soi dog.org

普吉镇与周边

颠倒屋（Baan Teelanka）（折页E9）

这儿会让您的孩子目瞪口呆：房子是倒立过来的！游客从天窗进去，然后"向上"进入房间，即使一切看起来都非常诡异，也请不要担心诸如家具砸到头顶的情况。这个颠倒的世界只是照片效果而已！请尽量在工作日去参观，周末通常人满为患。🏠 Siam Niramit附近，Bypass Rd.，机场方向 ⏰ 每天10:00—18:00 ¥ 成

带着孩子旅行

入门票350泰铢,4~11岁儿童190泰铢 ☏ 0 76 37 62 45 @ www.upsidedownhouse-phuket.com

普吉岛水族馆(Phuket Aquarium)(折页F13)

普吉岛周边海域五彩斑斓,或大或小、或漂亮或奇特的海洋生物集中亮相在您和孩子眼前。您将为此惊叹不已:蝠鲼、鲨鱼、龙虾、海龟……它们在30多个大水池中游弋,没有比水族馆能更近距离接触这些"海洋居民"的地方了。从海底隧道穿行时,小孩子们就开始欢呼雀跃了。🏠普吉镇南部,有指示牌指引 🕐 每天8:30—16:00 ¥ 成人门票180泰铢,身高100厘米以上的儿童100泰铢 @ www.phuketaquarium.org

暹罗梦幻剧场(Siam Niramit)★(折页E9)

令人赞叹的大型文化和民俗表演(🕐 周三至周一,20:30开始),演员服装华丽,灯光效果极佳。附近还有一个村庄(Thai Village 🕐 17:30以后开放)设有水上市场。您可以带着孩子从中感受4个泰国不同地区的乡村生活。村民将展示丝的制取方法,以及如何用草编织儿童玩具。🏠普吉镇西北部,机场方向的环形路旁,乐购莲花超市北部3干米处 ¥ 演出门票加村庄游览1 500泰铢起,另加自助晚餐1 850泰铢起,儿童1 650泰铢 ☏ 0 76 33 50 00 @ www.siamniramit.com 🚌 迷你公交车接送,每人300泰铢(往返)

在普吉岛的许多海滩都可以玩耍、戏水、游泳

每月节庆与活动

泰国有各种各样的宗教节日、旅游活动。您可以在旅行社和相关网站上掌握实时信息。当地报纸Phuket Gazette上也会刊登活动和节日庆典的日程。它的线上版本 @ www.phuketgazette.com同步更新，请点击导航栏里的"Events Calendar"。

节庆/活动

1月/2月

普吉老镇节日：老城区一年一度的盛大集会。人们载歌载舞，各种传统表演带您感受这座受中国文化深影响的岛上城市。 当地锦囊 中国新年：查龙寺会在普吉镇和拉威海滩之间4022环形路旁举办为期一周的庆祝活动，包括庙会、选美和烟火表演。

4月

宋干节（Songkran）：宋干节是泰历新年，也是泼水节。宋干节是泰国最隆重的节日。人们会组织真正的泼水大战。奈扬海滩还会对攀瓦岬海龟繁衍基地的海龟放生。

普吉骑行周：摩托车爱好者进行环岛骑行。芭东海滩会组织派对和活动。@ www.phuketbikeweek.com

5月/6月，10月/11月

当地锦囊 Loy Ruea节：海上吉卜赛人的节日，季风季节开始和结束时在拉威海滩有庆祝活动。人们乘坐竹筏，把仿造的武器和剪下来的头发——这些代表着厄运——扔到海里。

6月

普吉岛马拉松：6月初会举办马拉松、半程马拉松、步行赛（5千米）、儿童比赛（2千米）等赛事，您可以报名参加或者观看。@ www.phuketmarathon.com

9月/10月

★ ● 素食节源于中国的传统文

化,这是普吉岛一年一度大型活动之一。素食节时,有中国血统的居民会开始为期十天的素斋,在本地的中国寺庙举行庆典活动和游行。人们相信,素食节以及与之相伴的宗教仪式必会带来好运。

11月

水灯节(Loi Kratong):泰国的浪漫节日。月圆之夜,将装有蜡烛、熏香、硬币和鲜花的小船放到水里——河流、湖泊、运河都可以,在普吉岛的话,放在游泳池的水面上也可以。小船随波漂远,烦恼和仇恨也被带走,灵魂因此得到净化。

12月

国王杯帆船赛(King's Cup Regatta):来自世界各地的帆船在12月初齐聚普吉岛南端,为了奖金与荣誉一决高下。

芭东狂欢节(Patong Carnival):节目、现场音乐会、烟火表演和狂欢游行……芭东狂欢节持续数天之久,以此庆祝旅游旺季的到来。

节庆日

1月1日	新年
2月月圆之夜	万佛节
4月6日	查库里王朝纪念日
4月12—16日	宋干节/泼水节/泰历新年
5月1日	劳动节
5月	春耕节
7月28日	玛哈·哇集拉隆功国王诞辰
8月12日	诗丽吉王太后诞辰
10月13日	普密蓬·阿杜德国王逝世日
10月23日	朱拉隆功大帝逝世日
12月10日	宪法纪念日
12月31日	除夕

旅行随时查

网页／博客

www.phuketemagazine.com　无论想查沙滩、餐馆，还是了解当地生活习惯、购物地点——这个由普吉岛旅游局运营的英文在线杂志向您全方位介绍小岛情况，配有海量高清美图。

www.amazingthailand.org.cn　泰国旅游局官方中文网站，从上面可以找到普吉岛方方面面的信息。

www.thetaiger.com　每日更新小岛和周边地区的报道；还有详细的餐厅介绍、当地见闻以及各领域的Top 10榜单。

www.phuket101.net　在哪儿可以吃到烤昆虫？在哪儿可以看到最漂亮的传统别墅？在哪儿举办最热闹的派对？这些问题都可以在这儿找到答案——英文版，还有生动配图。

www.jamiesphuketblog.com　Jamie摸清了普吉岛的大街小巷，包括许多尚未被游客踏足的地方。他用英语写博客，介绍岛上值得游览、值得体验的所有地方。

www.travelfish.org　该网站专注廉价住宿信息而且评价客观，不会过分吹捧或者恶意差评——专为寻找便宜酒店的度假者服务。

www.timinphuket.blogspot.de　Tim用他的英文博客带您体验岛上的集市、海滩、餐馆、寺庙以及他所涉足的其他地方。

> 无论是准备出行还是已到达，这些网址和信息都能够为您的旅程提供帮助。

short.travel/phu2　提供更多博主关于普吉岛旅行的建议，特别针对预算少的游客——租摩托车"打卡"最佳落日观赏地，然后赶到芭东海滩派对上一醉方休。

short.travel/phu3　坦亚普拉健康运动度假村（Thanyapura Sporthotel）的团队推出的关于普吉岛运动、音乐、电影的众多视频。

www.youtube.com/user/PhuketBESTTV　时装展、派对、摇滚音乐会……岛上发生任何新鲜事，Phuket Best TV的摄像机都会第一时间赶到。

www.youtube.com/user/PGTVPhuket　普吉岛具有影响力的英文媒体，为您带来图文并茂的报道。

视频／音乐

Ultimate Phuket Guide　这款应用将带您到达岛上热门景点。具备GPS导航功能，可以搜索查询。

Phuketcity　专注酒店预订的应用，苹果系统和安卓系统均可使用。

Phuket Island—GPS Map Navigator　不管您在普吉岛的任何角落，这款iPhone导航应用都会定位到您的位置，告诉您该如何走。

Phuket City Guide　泰国国家旅游局推出的一款应用，内有实用旅行手册，使用了增强现实技术。

Apps

本出版社对以上网址提供的内容概不承担法律责任。

实用信息

到达

国内飞普吉岛的亚洲航空直飞航班旺季价格约为2 400元人民币（往返），淡季价格约为1 200元人民币（往返）。从广州、深圳、香港等南部地区出发更方便，价格也更低。许多游客选择从曼谷转机至普吉岛，廉价航空公司——亚洲航空有航班从曼谷老机场廊曼国际机场（Don Muang）飞往普吉岛。同为廉航的飞鸟航空（Nok Air @ www.nokair.com）也是只有从廊曼机场起飞的航班，机票大约为人民币270元起。从普吉机场乘坐机场大巴前往普吉镇的公交枢纽站费用为100泰铢。游客可预订专车前往所有海滩，价格固定，但比普通出租车价格贵一倍以上。从机场抵达大厅右转可前往出租车集散平台。出发前请和司机确认好路上需要的时间——如果是高峰期，很有可能无法按时抵达。

问询中心

问询中心网址

www.phuket.com提供大量旅游信息，按照地区和主题分类，清晰明了。还有各种Top10榜单供您参考。

泰国旅游局驻中国北京办事处

🏠 北京市东长安街东方广场E1办公楼902室 ☎ 10 85 18 35 26-29 ✉ tatbjs@tat.or.th; tatbjs@tatbjs.org.cn

泰国国家旅游局驻上海办事处

🏠 上海市黄浦区南京西路288号创兴金融中心2703室 ☎ 21 33 66 34 09 ✉ info@tatinchina.com

泰国国家旅游局（Tourism Authority of Thailand，TAT）

在机场设有问询窗口。🏠 191 Thalang Rd. ☎ 0 76 21 10 36，0 76 21 22 13

银行/信用卡

银行提供支票兑换业务，美元、

绿色出行

旅行时，您也可以改变世界，比如时刻提醒自己在旅程中尽量选择较少二氧化碳排放的交通方式，学习如何以环保的方式规划您的路线。同时也要注意，尽量保护旅行国家的自然和文化。作为游客，保护自然环境、保护区域特色、减少自驾、节约用水等保护生态环境的举措是非常重要的，请务必多加关注。

从开始到结束：旅行中不可或缺的信息。

欧元、人民币支票均可（🕐 周一至周五 8:30—15:30，兑换窗口常常每天营业至22:00）。用信用卡支付时，许多商店会收取额外费用。您也可以用信用卡提现（需要出示护照），更方便的途径是用自动取款机。所有银行都受理信用卡业务。银联卡可以在标有银联标志的取款机上使用。现金提取业务会收取手续费。为防止意外损失，请务必在国内升级信用卡安全系数。在普吉岛，使用支付宝支付也已很普遍。

使领馆信息

中国驻泰国宋卡总领馆驻普吉领事办公室

副总领事兼领事办公室主任：汪惠娟

🏠 泰国普吉府加图镇By Pass 路 Royal Place小区96/69栋楼，📞 证件咨询：00 66 76 30 41 80，传真：00 66 76 30 43 02，领保：0 06 69 45 95 61 58

入境

旅游签证一直以来都属于短期停留，泰国也是如此，您能获得的停留时间也是比较短暂的，申请泰国签证时使馆能够给您的停留天数都是30天，也就是你需要在30天内回到中国，不能长期在泰国停留，但如果有特殊情况可以提前申请签证延期。另外请注意，落地签证能够获得的停留时间会更加短暂，只有15天，并且不能申请延期。

泰国签证有三种办理方式：

第一，在国内办理好贴纸签证后前往泰国。在泰国驻华大使馆办理签证需要提供申请表、护照、照片、身份证、在职证明、存款证明、酒店订单、机票订单等材料。除此之外，想要办理旅行签证的游客也可以找代办机构办理签证，比如泰国签证服务中

它们值多少钱

啤酒	人民币12.5元
	0.3升，在餐馆里
布料	人民币46元起
	巴提克印花布
按摩	人民币约62元
	沙滩上按摩一次
汤	人民币7.7元
	小饭馆里一碗面汤
汽油	人民币7.7元
	一升
水果	人民币2元
	一整只菠萝

普吉岛

心，您只需要邮寄护照和照片即可，签证办理好后您的个人材料会给您邮寄回去。

第二，到达泰国下飞机后办理落地签证。游客还可以直接坐飞机去泰国，下飞机后在机场落地签柜台办理落地签证。如果您不了解如何办理落地签证，建议您先在国内办理贴纸签证再赴泰国旅游，这样比较保险。

第三，办理泰国电子签证。自2019年2月15日起，赴泰国旅游的中国游客还可以申请泰国电子签证，申请过程全线电子化，签证签署后泰国驻华大使馆将会以电子邮件的方式将签证授予旅客，人们到达泰国时只需要在入境口岸通过自动化系统进行验证即可入境。

若有其他问题可咨询在线签证专员，或直接拨打全国免费电话 📞 4009 92 71 25。也可登录泰国驻华使馆签证处网站 @ www.thaiembbeij.org/thaiembbeij/cn/thai-service/visa 查询相关信息。

健康

事先接种疫苗不是必需行为。现在去普吉岛旅行已经不必担心染上疟疾了。但出发前还请您咨询一下医生关于疫苗的问题。请始终做好防护措施避免蚊虫叮咬（岛上的埃及伊蚊全天都很活跃）。

请不要直接饮用水龙头里的水。但可以放心吃哪怕是路边摊的饭菜，这是经验之谈。因为泰国政府对于小吃和餐饮的制作过程管理非常严格。

普吉岛的医疗条件很好。最好的医院是Bangkok Phuket Hospital（📞 0 76 25 44 25 @ www.phukethospital.com）。同样达到国际水准的还有Phuket International Hospital（📞 0 76 24 94 00 @ www.phuketinternationalhospital.com）。使用救护车须向医院申请。岛上的牙医水平也很高。

有线/无线网络

几乎所有的酒店和餐厅都提供免费的无线网络。有些高档酒店会要求顾客到前台办理，因此请在办理入住时询问无线网络密码。自行用调制解调器或者泰国国际SIM卡上网费用也很低，每分钟只要几泰铢。手机卡可以在许多商店以及7-11连锁便利店购买（须出示护照）。

儿童保护

特别是在芭东海滩，晚上会有孩子去每个酒吧售卖香烟、口香糖和花。儿童保护组织Child Watch Phuket（@ www.childwatchphuket.org）倡导游客不要买他们的东西，理由是："孩子卖出的东西越多，就越有可能卖一夜直到天亮。因此无论孩子们的大眼睛多么恳切，无论您有多同情他们，都不要从他们手里买东西。"

实用信息

气候/旅行时间

11月至次年2月对来自非热带地区的游客而言是梦想中的夏天。之后直至5月都非常炎热,晚上也不凉爽。雨季(5月至10月/11月)温度略微回落。降水最多的月份是8月中旬至10月中旬。查询天气预报请点击 @ www.phuket-weather.blogspot.com。

租车

租车环岛游是探索普吉岛的绝佳方式(吉普车费用大约为人民币230元,带空调的车费用大约为人民币310元,如果租用时间长,可以享受折扣)。Avis (📞 0 76 35 12 43 @ www.avisthailand.com)和Budget (📞 0 76 20 53 96 @ www.budget.co.th)的门店设在机场和大一些的酒店。Pure Car Rent (🏠 普吉镇, 75 Rasada Rd. 📞 0 76 21 10 02 @ www. purecarrent.com)也是声誉良好的租车公司。

非常重要的一点:泰国车辆靠左行驶。驾车须具备国际驾照。租车时请务必注意车险条款,包括人身伤害和财产损失的赔付。负责任的租车公司会将保单给顾客一份。

价格/门票

即使装修很简单的小饭馆,一份盖饭的价格也要人民币11.5元。两道菜的话,很少有低于人民币46元的。超市和大型购物中心是明码标价的。除此之外,买东西一定要砍价。泰国人不认为卖给外国游客的东西贵是不道德的事情。这种"双价格体系"在私人动物园、娱乐场所等地方也同样适行。甚至国家公园、公立博物馆等机构都会向外国游客收取额外的费用。

海滩

普吉岛的海滩是泰国最漂亮的海滩——同时也是开发得最好的。大多数海滩可以乘车抵达,建有完善的基础设施,酒店、餐馆、潜水基地、酒吧、商店等一应俱全。

用电

电压:220伏。老式插座是扁型插头。可在电器店买到转换插头。

出租车

正常打表计价的出租车只有机场有。海滩边的出租车都是一口价——比打表的价格高。实惠的交通方式是乘坐

货币汇率

1元人民币=4.6泰铢
1泰铢=0.217元人民币

普吉岛

岛上的公共汽车（🕐 6:00—16:00，往来于各大海滩和普吉镇之间）。

电话/手机

从国外往中国拨打电话须先拨"00 86"，而从泰国以外往普吉岛拨打电话时，因为普吉岛区号里没有前面的"0"，须先拨"00 66 76"。

公用电话的电话卡可以在邮局、电信营业网点和许多商店中购买。好一些的酒店房间里安装有国际直拨电话，客人可以直接拨打国外电话，但是大部分收费非常高。用中国手机卡拨打国际长途需付漫游费，接听国际电话由被叫方承担绝大部分费用！您可以用泰国手机卡在许多地方都可以买到充值卡。泰国的移动运营商纷纷推出优惠套餐。三大移动运营商为AIS（@ www.ais.co.th/12call/en/index.html），DTAC（@ www.dtac.co.th/en/prepaid）和True Move（@ truemoveh.truecorp.co.th）。许多商店出售手机，价格实惠，您可以买来专门安装泰国手机卡。普通款价格为人民币155元左右，二手手机会更便宜一些。

普吉岛天气

	1月	2月	3月	4月	5月	6月	7月	8月	9月	10月	11月	12月
日间气温（°C）	31	32	33	33	31	31	30	30	30	30	30	31
夜间气温（°C）	22	22	23	24	24	25	24	25	24	24	23	22
☀ 每天日照时长	9	9	8	8	7	6	6	6	6	6	5	7
☂ 每月降雨天数	4	4	7	15	20	19	17	18	20	20	15	8
〰 水温（°C）	27	28	29	29	29	29	28	29	29	29	28	27

实用信息

向警察寻求帮助

求救热线 ☎ 1155
普吉镇警察局 🏠 100/31 32, Chakermprakiat Rd. @ www.phuketdir.com/pkttouristpolice

拼音

泰文没有标准的拉丁语拼音体系。因此您会看到不同的拼写形式。

小费

许多高档餐厅收取10%的服务费。不需要给更多的小费，除非服务特别好。在不单独收服务费的餐厅就餐，给服务员10%的小费即可。不需要给出租车司机小费。

住宿

许多酒店会在12月15日至次年1月10日的旅游旺季期间涨价10%至20%，有些还会强制要求客人参加收费不菲的平安夜晚餐和新年晚餐。请事先询问清楚，是否必须参加。非旅游旺季（4—10月）酒店价格降价可达40%。网上预订的话，部分酒店还有其他优惠，能省不少钱，可以从酒店官网或者第三方平台（@ www.phuket-hotels.com或者german.hotelthailand.com）上预订。团体预订可享受更多优惠。

时差

泰国时间比中国时间晚1个小时。

退税

当您购物离开泰国时，总购物超过5 000泰铢，就可以在机场申请退税。禁止带佛像雕塑出境，古董和动物制品需向海关出示。

中国作者锦囊

穷游网

穷游网上面除了帮助大家省钱的攻略，还常常出售一些低价尾单旅游产品，例如跳伞、潜水等项目。

摩托车环岛游

在普吉岛游玩最方便、最自由的方式是骑摩托车，提前预订租车一天价格约人民币80元，经济实惠。

注意事项

第一，泰国交通规则是靠左行驶，骑车时一定要戴头盔。

第二，拿到车的时候把车子的状况拍摄视频记录好，如果有旧伤，要特别跟租车老板说明。

第三，不要乱停车，黄白线、红白线的地方都不可以停车。

教你当地话

常用表达

是/不/可能	yes/no/maybe
请/谢谢	please/thank you
对不起!	Sorry!
打扰一下!	Excuse me!
我可以……吗?/请再说一遍?	May I ...?/Pardon?
我想买……/您有……吗?/我在找……	I would like to .../Have you got ...?/I'm looking for ...
这个多少钱?	How much is ...?
我(不)喜欢这个。	I (don't) like this.
好/坏	good/bad
坏了/不能用了	broken/doesn't work
太多/多/少	too much/much/little
一切/什么都没有	everything/nothing
救命!/注意!/小心!	Help!/Attention!/Caution!
救护车	ambulance
警察/消防员	police/fire brigade
禁止/禁止的	ban/forbidden
危险/危险的	danger/dangerous

问候/告别

早上好!/下午好!晚上好!/晚安!	Good morning!/afternoon! Good eve-ning!/night!
嗨!/再见!	Hello!/Goodbye!
我叫 ……	My name is ...
您叫什么名字?	What's your name?
我来自……	I'm from ...

您会说英语吗？
这里有重要的常用词汇和表达方式。

日期/时间

周一/周二	Monday/Tuesday
周三/周四	Wednesday/Thursday
周五/周六/周日	Friday/Saturday/Sunday
假期/工作日	holiday/weekday
今天/明天/昨天	today/tomorrow/yesterday
小时/分钟	hour/minute
天/晚/周	day/night/week
月/年	month/year
现在几点了？	What time is it?
现在3:00。	It's three o'clock.
现在4:30。	It's half past four.
现在3:45/4:15。	It's a quarter to/past four.

旅途中

开放/关闭	open/closed
入口/出口	entrance/exit
离开/到达	departure/arrival
厕所	toilets/restrooms
……在哪里？	Where is ...?/Where are...?
左/右/直走	left/right/straight ahead
直行/返回	straight ahead/back
公共汽车/地铁/出租车	bus/underground/taxi
城市地图/地图	street map/map
火车站/公交车站	(train) station/stop
飞机场/港口	airport/harbour
行车时间表/车票	schedule/ticket
单程/往返	single/return
火车/轨道/站台	train/track/platform
我想租……	I would like to rent ...
一辆车/一辆自行车/一艘船	a car/ a bicycle/ a boat
加油站/车库	petrol station/garage

普吉岛

饮食

请拿来菜单。	The menu, please.
可以给我拿来……吗?	Could I please have ...?
盐/胡椒/糖	salt/pepper/sugar
醋/油/柠檬	vinegar/oil/lemon
加冰/不加冰/碳酸	with/without ice/gas
素食者/过敏	vegetarian/allergy
我需要买单。	May I have the bill, please?

购物

药店/药妆店	pharmacy/chemist
购物中心/百货商店/超市	shopping mall/department store /supermarket
100克/1公斤	100 gram/1 kilo
贵/便宜/价格	expensive/cheap/price
面包店/市场	bakery/market
食品杂货店	grocery
超市	supermarket
更多/更少	more/less

住宿

我已经预订了一个房间。	I have booked a room.
单人间	single room
双人间	double room/twin room
早饭/淋浴/洗澡	breakfast/shower/bath
朝前/朝海	forward/to the sea
全膳宿	full-board
钥匙/房卡	key/room card
行李/箱子/包	luggage/suitcase/bag

教你当地话

银行/货币

银行/自动取款机	bank/ATM/cash machine
我想换……元	I'd like to change ...
现金/信用卡	cash/credit card
纸币/硬币	note/coin
零钱	change

健康

医生/牙医/儿童医生	doctor/dentist/pediatrician
医院/急诊	hospital/emergency clinic
发烧/疼痛	fever/pain
拉肚子/恶心	diarrhea/nausea
止痛片/药片	pain killer/tablet

电信/媒体

电话卡/手机	phone card/mobile
在哪儿可以上网?	Where can I find internet access?
我需要加拨区号吗?	Do I need a special area code?
@符号	at symbol
网络连接/无线网	internet connection/Wi-Fi

数字

0	zero	10	ten
1	one	11	eleven
2	two	12	twelve
3	three	20	twenty
4	four	50	fifty
5	five	100	(one) hundred
6	six	1 000	(one) thousand
7	seven	10 000	ten thousand
8	eight	1/2	a/one half
9	nine	1/4	a/one quarter

索引

Adventure Minigolf 迷你高尔夫乐园 102
Andaman Sea 安达曼海 13, 100, 101
Ao Chalong 查龙湾 21, 50, 60, 87, 99, 100
Ao Lo Dalam 罗达拉木湾 81
Ao Po 奥波湾 76
Ao Sane Beach 奥森海滩 62, 100
Baan Teelanka 颠倒屋 104
Ban Laem Trong 78
Banana Beach（Hin Kruai）香蕉海滩 49, 89
Bang Tao Beach 班涛海滩 12, 20, 34, 102, 124
Bangla Road 芭东酒吧街 45, 55
Bhumibol Adulyadej 普密蹦·阿杜德国王 12, 107
Big Buddha 普吉大佛 60, 87
Boat Lagoon 环礁湖 75
Burma Banks 缅甸海岸线 101
Chao Leh 海上吉卜赛人 11, 106
Cheow Larn 秋浪湖 94
Choeng Thale 承塔莱 35
Diamond Beach 钻石海滩 58
Dino Park 恐龙公园 102
Freedom Beach 自由海滩 57
Friendship Beach（Mittrapab）友谊海滩 60, 104
Gibbon Rehabilitation Centre 长臂猿保育中心 38, 89
Heroines Monument 两女英雄纪念碑 39, 88
James Bond Island 詹姆斯·邦德岛 93
Jui Tui Temple 中国神庙 68
Jungceylon 江西冷 54
Kamala Beach 卡马拉海滩 40
Laem Son Cape 林颂海角 46
Promthep 海角 63
Karon Beach 卡伦海滩 41, 54, 102, 124
Karon Viewpoint 卡伦观景台 44
Kata Beach 卡塔海滩 43, 54, 63, 100, 102, 124
Kata Noi Beach 小卡塔海滩 43, 102
Kata Yai Beach 大卡塔海滩 44, 43
Khao Lak Beach 考叻海滩 95
Khao Lak Lamru National Park 考叻拉姆鲁国家公园 95
Khao Phra Thaeo National Park 栲帕吊国家公园 22, 38, 89, 98

Khao Sok National Park 考索国家公园 94, 98, 100
Ko He 珊瑚岛 100
Ko Lone 龙岛 77
Ko Mai Pai（Bamboo Island）竹子岛 80
Ko Man 曼岛 64
Ko Pannyi 班儿岛 76, 94
Ko Phi Phi 皮皮岛 12, 27, 78, 100, 101
Ko Phi Phi Don 大皮皮岛 80
Ko Phi Phi Le 小皮皮岛 80
Ko Raya Yai 皇帝岛 81, 100
Ko Similan 斯米兰岛 81, 100, 101
Ko Sirey 诗里岛 71
Ko Surin 苏林岛 101
Ko Tapu 达铺岛 76
Ko Yao Noi 小长岛 13, 100, 101
Ko Yao Yai 大长岛 13, 84, 101
Koh Nok 97
Kwan Im Teng 观音堂 68
Laem Ka Beach 林卡海滩 58
Laem Phan Wa 攀瓦岬 63, 106
Laem Promthep 神仙半岛 65
Laem Singh 林赛海滩 59
Layan Beach 拉扬海滩 46
Loi Kratong 水灯节 10
Lom Lae Beach Resort 洛美莱海滩度假酒店 97
Longtail（Hang Yao）长尾船 25
Lion Cape 狮子角 59
Mai Khao Beach 迈考海滩 46, 102, 104
Maya Bay 玛雅湾 27, 80
Monkey Beach 猴子海滩 79
Muay Thai 泰拳 21
Nai Harn Beach 奈涵海滩 64, 90, 92, 100, 102
Nai Harn Lake 奈涵湖 88
Nai Thon Beach 奈通海滩 44, 89
Nai Yang Beach 奈扬海滩 49, 89, 106
Naka Noi 珍珠岛 33
Old Phuket Town 普吉老镇 13, 69, 106
Pansea Beach 潘西海滩 50
Paradise Beach 天堂海滩 57
Pasai Beach 帕赛海滩 97
Patong Beach 芭东海滩 51, 89, 102, 106, 112

在此可查询书中涉及的重要地名和景点,后附相关页码。

Phang Nga Bay 攀牙湾 76,93
Phra Pitak Chinpracha 别墅 70
Wat Phra Thong 金佛寺 39
Phuket Aquarium 普吉岛水族馆 21,63,105
Phuket Riding Club 普吉骑马俱乐部 104
Phuket Tin Mining Museum 普吉岛锡矿博物馆 75
Phuket Town 普吉镇 12,68,88,104
Promthep Alternative Energy Station 神仙半岛可再生能源站 66,90
Quest Laguna Adventure 拉古纳探险户外运动中心 103
Ran Ti Bay 冉提湾 78
Rang Hill 朗格山 70
Rawai Beach 拉威海滩 25,66,91,106
Richelieu Rock 黎希留岩 99
Rollerball Zorbing 左宾球 103
Sam San Temple 三圣庙 70
Siam Niramit 暹罗梦幻剧场 105
Siam Safari 暹罗观兽旅行 104
Sirinat National Park(Nai Yang National Park)斯里纳斯国家海洋公园(奈扬国家公园)46,49
Soi Dog's Phuket Shelter 普吉岛索伊流浪狗收容所 104

Songkran 宋干节 106
Splash Jungle 热带风暴水上乐园 104
Surin Beach 苏林海滩 58,89
Takhao Bay 塔考海湾 94
Takhao Pier 塔考码头 96,97
Talad(市场)82,96
Tha Dan 塔丹 76,77,93
Thaihua Museum 泰华博物馆 70
Thalang National Museum 塔廊国家博物馆 32,39,88
Tonsai Waterfall 通赛瀑布 38
Tonsai Village 通赛村 78
Trickeye Museum 特丽爱博物馆 70
Turtle Village 海龟村 47
Vegetarier Festival 素食节 68,106
Viking Cave 维京洞穴 80
Wat Chalong 查龙寺 61,88,106
Wat Nai Harn 奈涵寺 90
Wat Phra Nang Sang 帕南桑寺 39
Wat Phra Thong 金佛寺 39
Wat Sirey 诗里寺 71
Wat Suwan Khuha 卧佛寺 93
Ya Nui Beach 雅努伊海滩 67,91

图片来源

封面图片: 天堂海滩上的长尾船(Look/Design Pics)

图　　片: DuMont Bildarchiv: Sasse(P.80, P.109); W. Hahn(P.16, P.62); huber-images: Schmid(折页右, P.8/9), M. Shippen(P.49), Stadler(P.30右), L. Vaccarella(P.42); Laif: Amme(P.40), Heuer(19, 47), Sasse(折页左, 36, 57); Laif/Polaris: C. Brown(P.21下); Laif/Redux: B. Lewin(P.21上); Look/Design Pics(P.1); Mai Khao Marine Turtle Foundation: Ornjaree Nawee(P.20下); M. Markand(5右上); mauritius images: J. Warburton-Lee(P.84); mauritius images/Alamy(P.15, P.18, P.22/23, P.32, P.32/33, P.34/35, P.58, P.66, P.68/69, P.70, P.83, P.86/87, P.89, P.92, P.94), M. Azavedo(P.20上), P. Treanor(P.52), N. Uttamaharad(P.6下, P.65); mauritius images/Alamy/AA World Travel Library(P.44); mauritius images/Alamy/Realy Easy Star: L. Cervetto(P.55); mauritius images/ib: Kreder(P.14), Stella(P.105); mauritius images/Imagebroker: J. Beck(P.39), M. Moxter(P.76/77, P.102/103, 108-109), N. Probst(P.60/61); mauritius images/Mito images: P. Kunkel

（P.20中）; mauritius images/Pacific Stock（P.3）; mauritius images/Prisma（P.101）; H.Mielke（P.10/11, P.33, P.98/99）; O.Stadler（P.6上, P.28/29, P.78/79）; O. Stadler/A. Stubhan（P.7, P.13, P.24, P.26, P.30左, P.31, P.51, P.73, P.74, P.106, P.108上, P.108下）; M.Weigt（P.17, P.106/107）

本书地图系原版书地图。

禁忌事项

低估太阳的威力

许多游客乘船去小岛时会坐在甲板上。海风习习拂过脸庞，令人舒爽——他们完全没有意识到，甲板上的紫外线和沙滩上同样强烈，会严重晒伤皮肤。因此，即使在甲板上也要涂好防晒霜。更明智的做法是把皮肤完全保护起来，避免暴露在太阳下。

骑摩托车不戴安全帽

骑摩托车和乘坐摩托车都要戴好安全帽。您会经常看到一辆摩托车上载着三四个当地人，但游客千万不要效仿。一旦被警察抓住，搬出当地人"无帽驾驶"的说辞可是无济于事的。平均每天至少有1人因为此类事故丧生。其中不乏游客。务必注意：泰国针对摩托车驾驶员只有一种第三方责任险，最多赔偿对方1.5万泰铢。

和泰国人争吵

一般而言，泰国人不会固执己见，对待外国游客非常宽容。但是再有耐心的人也会有发脾气的时候。如果一个泰国人觉得您让他没面子了（尽管您不知道原因），剑拔弩张的情景就会一触即发。这时候，您最好先退让一步，对他报以歉疚的微笑。

任性骑摩托艇

骑摩托艇可以驰骋海面，但也可能打扰甚至误伤其他游客。普吉岛的海滩中只有班涛海滩、卡伦海滩、卡塔海滩和芭东海滩允许骑摩托艇。如果在其他海滩上骑，您会收到一张罚单的。

过于相信当地治安状况

整体而言，泰国南部是安全的旅行目的地，但是仍需注意以下事项。女性不要单独在偏僻的沙滩上散步或者随便搭陌生人的车。骑摩托车时不要选择景区里那些人迹罕至的道路，常常有外国游客遭到抢劫。在酒吧里不要露出自己鼓鼓的钱包，当心被小偷盯上。如果有当地人邀请您一醉方休，最好婉拒或出于礼貌喝一杯后及时抽身。因为喝了酒的泰国人会性情大变，一点小事也会引发冲突。

忽视警示红旗

从每年5月初至12月，普吉岛海滩常常出现危险的暗流。由于游客忽视警示红旗，贸然下海，几乎每周都有人丧命。

在旅行
Traveling